Mário Mascarenhas

O MELHOR DA MÚSICA POPULAR BRASILEIRA
com cifras para: piano, órgão, violão e acordeon

100 sucessos

VOL. V

Nº Cat.: 222-A

Irmãos Vitale Editores Ltda.
vitale.com.br
Rua Raposo Tavares, 85 São Paulo SP
CEP: 04704-110 editora@vitale.com.br Tel.: 11 5081-9499

© Copyright 1982 by Irmãos Vitale Editores Ltda. - São Paulo - Rio de Janeiro - Brasil.
Todos os direitos autorais reservados para todos os países. *All rights reserved.*

Dados Internacionais de Catalogação na Publicação (CIP)
(Câmara Brasileira do Livro, SP, Brasil)

Mascarenhas, Mário
   O melhor da música popular brasileira : com cifras para piano, órgão, violão e acordeon, 5º volume / Mário Mascarenhas. -- 4. ed. -- São Paulo : Irmãos Vitale, 1997.

1. Música - Estudo e ensino 2. Música popular (Canções etc.) - Brasil 3. Piano - Estudo e ensino 4. Órgão - Estudo e ensino 5. Violão - Estudo e ensino 6. Acordeon - Estudo e ensino I. Título.

ISBN nº 85-85188-75-8
ISBN nº 978-85-85188-75-7

97-4853   CDD- 780.42098107

Indices para catálogo sistemático:

1. Música popular brasileira : Estudo e ensino   780.42098107

Mário Mascarenhas

Mário Mascarenhas é o autor desta magnífica enciclopédia musical, que por certo irá encantar não só os músicos brasileiros como também os músicos de todo mundo, com estas verdadeiras e imortais obras primas de nossa música

Ilustração original da capa - LAN

PREFÁCIO

Como um colar de pérolas, diamantes, safiras, esmeraldas, o Professor Mário Mascarenhas junta, nesta obra, as verdadeiras e imortais obras primas da Música Popular Brasileira, em arranjos para piano mas que também podem ser executados por órgão, violão e acordeon. A harmonização foi feita com encadeamento moderno de acordes.

Quando se escrever a verdadeira História da Música Popular Brasileira, um capítulo terá de ser reservado a Mário Mascarenhas. Em todo o seu trabalho ele só tem pensado na música popular do seu país. Horas a fio pesquisando, trabalhando, escrevendo música, ele se tornou o verdadeiro defensor de nossos ritmos, consagrando-se em todas as obras que já editou de nossa cultura musical.

A coleção, "O MELHOR DA MÚSICA POPULAR BRASILEIRA", compõe-se de 10 volumes contendo cada um 100 sucessos ocorridos nos últimos 60 anos, mostrando tudo o que se compôs no terreno popular desde 1920. Esta extraordinária coleção, contém, no seu total, 1000 músicas populares brasileiras.

A Editora Vitale, que agradece a colaboração das editoras que se fizeram presentes nesta obra, escolheu o Professor Mário Mascarenhas, não só pelo seu extraordinário talento musical demonstrado há mais de quarenta anos, como, também, pela excelência de seus arranjos e pela qualidade que ele imprime ao trabalho que realiza. São arranjos modernos, o que prova a atualidade do Professor, à sua percepção do momento, porque, para ele, os anos se foram apenas no calendário. Mário Mascarenhas continua jovem com seu trabalho, dentro de todos os padrões musicais em melodias que já passaram e de outras que ainda estão presentes.

Mascarenhas diz que o samba, com seu ritmo sincopado e exótico que circula em nosso sangue, atravessa nossas fronteiras e vai encantar outros povos, com sua cadência e ginga deliciosas. E a música popular brasileira, no seu entender é a alma do povo que traduz o nosso passado através dos seus ritmos sincopados, que herdamos dos cantos langorosos dos escravos trazidos em navios-negreiros, com seus batuques, lundus, maracatus, congadas, tocados e cantados nas senzalas.

Nossa Música Popular se origina também dos cantos guerreiros e danças místicas de nossos índios e principalmente na música portuguesa transmitida pelos jesuítas e colonizadores, como sejam as cantigas de roda, fados e modinhas falando de amor.

Diz ainda o Professor Mascarenhas que a nossa música popular é inspirada também nas valsas, quadrilhas, xotes, marchas e polcas, dançadas pelas donzelas de anquinhas, tudo como se fosse uma exposição de quadros de Debret, pintados com palheta multicor de tintas sonoras.

Hoje, cada vez mais incrustada em nosso sangue, a nova Música Popular Brasileira surge modernizada, com roupagem, estrutura e forma, criados por inúmeros compositores atuais, alicerçados, porém nas velhas raízes popularescas. Os arranjos foram feitos especialmente para esta obra.

A Editora Vitale tem, portanto, orgulho de apresentar "O Melhor da Música Popular Brasileira" em um trabalho do Professor Mário Mascarenhas. Agradecimentos a todos os autores e todas as editoras que vieram colaborar nesta autêntica enciclopédia musical, a primeira que é apresentada no Brasil.

Everardo Guilhon

HOMENAGEM

Dedico esta obra, como uma "Homenagem Póstuma", ao grande incentivador de nossa Música Popular Brasileira, o Sr. Emílio Vitale.

AGRADECIMENTOS

Com o mais alto entusiasmo, agradeço aos meus grandes amigos que colaboraram com tanta eficiência, trabalho e carinho nos arranjos desta obra.

Foram eles: Thomaz Verna, diretor do Departamento Editorial de Irmãos Vitale, a Pianista Professora Belmira Cardoso, o conceituado Maestro José Pereira dos Santos e o notável Maestro e Arranjador Ely Arcoverde.

Numa admirável comunhão de idéias, cada um demonstrou sua competência e entusiasmo, compreendendo o meu pensamento e a minha ânsia de acertar e de realizar este difícil trabalho em prol de nossa Música Popular Brasileira.

À FERNANDO VITALE

Ao terminar esta obra, empolgado pela beleza e variedade das peças, as quais são o que há de melhor de nosso Cancioneiro Popular, deixo aqui minhas palavras de congratulações ao Fernando Vitale, idealizador desta coleção.

Além de me incentivar a elaborar este importante e grande trabalho, Fernando Vitale, foi verdadeiramente dinâmico e entusiasta, não poupando esforços para que tudo se realizasse com esmero e arte.

Ele idealizou e realizou, prevendo que esta coleção seria de grande utilidade para os amantes de nossa Maravilhosa Música Popular Brasileira.

À LARRIBEL E M.º MOACYR SILVA

Aos amigos Larribel, funcionário de Irmãos Vitale e M.º Moacyr Silva, meus agradecimentos pelo imenso trabalho que tiveram na escolha e seleção conscienciosa das peças.

ÀS EDITORAS DE MÚSICA

Não fôra a cooperação e o espírito de solidariedade de todas as EDITORAS, autorizando a inclusão de suas belas e imortais páginas de nossa música, esta obra não seria completa.

Imensamente agradecido, transcrevo aqui os nomes de todas elas, cujo pensamento foi um só: enaltecer e difundir cada vez mais nossa extraordinária e mundialmente admirada MÚSICA POPULAR BRASILEIRA!

ALOISIO DE OLIVEIRA
ANTONIO CARLOS JOBIM
ARY BARROSO
BADEN POWELL
"BANDEIRANTE" EDITORA MUSICAL LTDA
"CARA NOVA" EDITORA MUSICAL LTDA
"CRUZEIRO" MUSICAL LTDA
CARLOS LYRA
CHIQUINHA GONZAGA
EBRAU
"ECRA" REALIZAÇÕES ARTÍSTICAS LTDA
EDIÇÕES "EUTERPE" LTDA
EDIÇÕES "INTERSONG" LTDA

Mário Mascarenhas

EDIÇÕES MUSICAIS "HELO" LTDA
EDIÇÕES MUSICAIS "MOLEQUE" LTDA
EDIÇÕES MUSICAIS "PÉRGOLA" LTDA
EDIÇÕES MUSICAIS "SAMBA" LTDA
EDIÇÕES MUSICAIS "SATURNO" LTDA
EDIÇÕES MUSICAIS "TAPAJÓS" LTDA
EDIÇÕES MUSICAIS "TEMPLO" LTDA
EDIÇÕES "TIGER" MÚSICA E DISCO LTDA
EDITORA "ARTHUR NAPOLEÃO" LTDA
EDITORA CLAVE MUSICAL LTDA
EDITORA "COPACOR" LTDA
EDITORA DE MÚSICA "INDUS" LTDA
EDITORA DE MÚSICA "LYRA" LTDA
EDITORA "DRINK" LTDA
EDITORA "GAPA-SATURNO" LTDA
EDITORA GRÁFICA E FONOGRÁFICA "MARÉ" LTDA
EDITORA MUSICAL "AMIGOS" LTDA
EDITORA MUSICAL "ARLEQUIM" LTDA
EDITORA MUSICAL "ARAPUÃ" LTDA
EDITORA MUSICAL BRASILEIRA LTDA
EDITORA MUSICAL "PIERROT" LTDA
EDITORA MUSICAL "RCA" LTDA
EDITORA MUSICAL "RCA JAGUARÉ" LTDA
EDITORA MUSICAL "RCA LEME" LTDA
EDITORA MUSICAL "RENASCÊNÇA" LTDA
EDITORA "MUNDO MUSICAL" LTDA
EDITORA "NOSSA TERRA" LTDA
EDITORA "RIO MUSICAL" LTDA
EDITORA MUSICAL "VIÚVA GUERREIRO" LTDA
ERNESTO AUGUSTO DE MATTOS (E. A. M.)
ERNESTO DORNELLAS (CANDOCA DA ANUNCIAÇÃO)
FERMATA DO BRASIL LTDA
"FORTALEZA" EDITORA MUSICAL LTDA
"GRAÚNA" EDIÇÕES MUSICAIS LTDA
GUITARRA DE PRATA INSTRUMENTOS DE MÚSICA LTDA
HENRIQUE FOREIS (ALMIRANTE)
I.M.L. — TUPY — CEMBRA LTDA
ITAIPU EDIÇÕES MUSICAIS LTDA
JOÃO DE AQUINO
"LEBLON" MUSICAL LTDA
"LOUÇA FINA" EDIÇÕES MUSICAIS LTDA
"LUANDA" EDIÇÕES MUSICAIS LTDA
MANGIONE & FILHOS CO. LTDA
MELODIAS POPULARES LTDA
"MUSIBRAS" EDITORA MUSICAL LTDA
"MUSICLAVE" EDITORA MUSICAL LTDA
"MUSISOM" EDITORA MUSICAL LTDA
PÃO E POESIA" EDIÇÕES MUSICAIS LTDA
PAULO CESAR PINHEIRO
RICORDI BRASILEIRA LTDA
"SEMPRE VIVA" EDIÇÕES MUSICAIS LTDA
"SERESTA" EDIÇÕES MUSICAIS LTDA
"TODAMERICA" MÚSICA LTDA
"TONGA" EDITORA MUSICAL LTDA
"TRÊS MARIAS" EDITORA MUSICAL LTDA
"TREVO" EDITORA MUSICAL LTDA

Mário Mascarenhas

Índice

	Pág.
ACALANTO - Canção para ninar - Dorival Caymmi	200
ACORDA MARIA BONITA - Marcha - Antonio dos Santos (Volta Sêca)	202
A FONTE SECOU - Samba - Monsueto C. Menezes, Tuffy Lauar e Marcleo	206
AGORA NINGUÉM CHORA MAIS - Samba - Jorge Ben	220
A JANGADA VOLTOU SÓ - Canção Praieira - Dorival Caymmi	84
ALÔ, ALÔ, MARCIANO - Rita Lee e Roberto de Carvalho	88
AOS PÉS DA CRUZ - Samba - Marino Pinto e José Gonçalves	64
APESAR DE VOCÊ - Chico Buarque de Hollanda	50
A PRIMEIRA VEZ - Roberto Carlos e Erasmo Carlos	247
ARRASTÃO - Edú Lobo e Vinicius de Moraes	76
AS CURVAS DA ESTRADA DE SANTOS - Roberto Carlos e Erasmo Carlos	186
A TUA VIDA É UM SEGREDO - Samba - Lamartine Babo	74
AVE MARIA - Samba Canção - Vicente Paiva e Jayme Redondo	212
AVE MARIA - Valsa Serenata - Erotides de Campos	204
AVE MARIA NO MORRO - Samba Canção - Herivelto Martins	116
BALANÇO ZONA SUL - Tito Madi	214
BASTIDORES - Samba Canção - Chico B. de Hollanda	150
BEM-TE-VI ATREVIDO - Choro - Lina Pesce	184
BLOCO DO PRAZER - Frêvo - Morais Moreira e Fausto Nilo	66
BORANDÁ - Samba - Edú Lobo	197
BRASILEIRINHO - Choro - Waldir Azevedo	69
BRASIL PANDEIRO - Samba - Assis Valente	254
CABOCLO DO RIO - Toada - Babi de Oliveira	192
CASTIGO - Samba Canção - Dolores Duran	240
CAMISA LISTRADA - Samba Canção - Assis Valente	90
CAPRICHOS DO DESTINO - Valsa Canção - Pedro Caetano e Claudionor Cruz	119
CHOVE LÁ FORA - Valsa Canção - Tito Madi	230
CHUÁ-CHUÁ - Canção - Pedro de Sá Pereira e Ary Pavão	232
COMO NOSSOS PAIS - Belchior	128
CONSTRUÇÃO - Chico B. de Hollanda	26
COTIDIANO Nº 2 - Samba Choro - Toquinho e Vinicius de Moraes	170
DANÇA DOS SETE VÉUS (SALOMÉ) - Mario Mascarenhas	122
DETALHES - Roberto Carlos e Erasmo Carlos	47
DIA DE GRAÇA - Samba - Candêia	226
DOCE VENENO - Samba - Valzinho, Carlos Lentini e M. Goulart	234
DORA - Samba - Dorival Caymmi	223
EMÍLIA - Samba - Wilson Batista e Haroldo Lobo	96
ESSE CARA - Caetano Veloso	98
EU AGORA SOU FELIZ - Samba - Mestre Gato e José Bispo	236
EU BEBO SIM - Samba - Luiz Antônio e João do Violão	136
EU TE AMO MEU BRASIL - Marcha - Dom	8
EXPRESSO 2222 - Gilberto Gil	244
FALSA BAIANA - Samba - Geraldo Pereira	100
FERA FERIDA - Roberto Carlos e Erasmo Carlos	41
FIM DE CASO - Samba Canção - Dolores Duran	216
FITA AMARELA - Samba - Noel Rosa	62
FOI UM RIO QUE PASSOU EM MINHA VIDA - Samba Enrêdo - Paulinho da Viola	208
FOLIA NO MATAGAL - Marcha - Eduardo Dusek e Luis Carlos Góes	250

	Pág.
GAVIÃO CALÇUDO - Samba - Pixinguinha	30
GAÚCHO (CORTA JACA) - Tango Brasileiro - Chiquinha Gonzaga	32
HOMEM COM "H" - Xote - Antônio Barros	60
HOMENAGEM AO MALANDRO - Samba - Chico B. de Hollanda	168
INQUIETAÇÃO - Samba Estilo - Ary Barroso	78
INSENSATEZ - Bossa - A. C. Jobim e Vinicius de Moraes	38
JARRO DA SAUDADE - Samba - Mirabeau, Daniel Barbosa e G. Blota	172
JOÃO E MARIA - Valsinha - Sivuca e Chico B. de Hollanda	44
KALÚ - Baião - Humberto Teixeira	174
LUA BRANCA (DA OPERETA "FORROBODÓ") - Canção - Chiquinha Gonzaga	146
MÁGOAS DE CABOCLO - Cabocla - J. Cascata e Leonel Azevedo	182
MARIA - Samba - Ary Barroso e Luis Peixoto	148
MARINGÁ - Canção - Joubert de Carvalho	138
MEIGA PRESENÇA - Samba Canção - Paulo Valdez e Otávio	161
MENINA MOÇA - Samba - Luis Antônio	154
MEU CARIRI - Toada - Dilú Mello e Rosil Cavalcanti	156
MEU CARO AMIGO - Choro - Chico B. de Hollanda	17
MORENA DOS OLHOS D'ÁGUA - Samba Canção - Chico B. de Hollanda	190
MULATA ASSANHADA - Samba - Ataulfo Alves	164
NÃO DEIXE O SAMBA MORRER - Samba - Edson e Aloisio	176
NÃO ME DIGA ADEUS - Luis Soberano, Paquito e João da C. Silva	34
NEGUE - Samba Canção - Adelino Moreira e Enzo de Almeida Passos	36
NICK BAR - Samba Canção - Garoto e José Vasconcelos	166
NINGUÉM É DE NINGUÉM - Umberto Silva, Toso Gomes e Luis Mergulhão	10
NUNCA - Samba Canção - Lupicínio Rodrigues	12
OCULTEI - Samba Canção - Ary Barroso	158
O QUE SERÁ (A FLOR DA TERRA) - Chico B. de Hollanda	20
O SHOW JÁ TERMINOU - Roberto Carlos e Erasmo Carlos	102
O TROVADOR - Marcha Rancho - Jair Amorim e Ewaldo Gouveia	125
OUÇA - Samba Canção - Mayza Matarazzo	108
PALPITE INFELIZ - Samba - Noel Rosa	54
PENSANDO EM TI - Samba Canção - Herivelto Martins e David Nasser	110
PONTO DE INTERROGAÇÃO - Gonzaga Junior	179
POR CAUSA DE VOCÊ - Samba Canção - A. Carlos Jobim e Dolores Duran	56
PRÁ VOCÊ - Sylvio Cesar	114
QUANDO AS CRIANÇAS SAIREM DE FÉRIAS - Roberto Carlos e Erasmo Carlos	72
QUE MARAVILHA - Jorbe Ben e Toquinho	23
RAPAZIADA DO BRAZ - Valsa Choro - A. Marino	140
RISQUE - Samba - Ary Barroso	112
SAMBA DA BÊNÇÃO - Bossa - Baden Powell e Vinícius de Moraes	14
SAUDADE DE PÁDUA - Valsa - Edmundo Guimarães e Roberto Fioravante	143
SAUDADE FEZ UM SAMBA - Samba - Carlos Lyra e Ronaldo Boscoli	58
SE QUERES SABER - Samba Canção - Peterpan	134
SÓ COM VOCÊ TENHO PAZ - Beguine - Pereira dos Santos e Avarese	132
SORRIS DA MINHA DOR - Valsa - Paulo Medeiros	194
SUAS MÃOS - Samba Canção - Pernambuco e Antonio Maria	86
TIGRESA - Caetano Veloso	80
VELHO REALEJO - Valsa - Custódio Mesquita e Sadi Cabral	218
VOCÊ ABUSOU - Samba - Antonio Carlos e Jocafi	242
VOCÊ EM MINHA VIDA - Roberto Carlos e Erasmo Carlos	93
VOLTA POR CIMA - Samba - Paulo Vanzolini	238
XICA DA SILVA - Jorge Ben	104

Eu te amo meu Brasil

Marcha

Dom

© Copyright 1971 - Editora Musical R.C.A. Jaguaré Ltda.
Todos os direitos autorais reservados - All rights reserved

TOM — MIB MAIOR
Eb   Bb7   Eb

Introdução: Eb C7 Fm Ab7M Bb Bb7 **Eb** Eb Ab Bb7
                                                    Bb

      Eb   Ab   Eb   Ab
        Bb   Bb
As praias do Brasil ensolaradas
     Eb   Cm7   Bb7
O chão onde o país se elevou
Eb7 Ab7M   Eb7M
A mão   de Deus abençoôu
     G7   Cm   C7   F7
Mulher que nasce aqui, tem muito mais amor...

            Ab   Ab
Bb7 Eb   Bb   Bb7 Eb Bb
O céu do meu Brasil tem mais estrelas
Bb7 Eb   Cm   Bb7
O sol do meu país mais esplendor
    Ab   Eb
A mão de Deus abençoôu
       Cm F7   Fm7
Em terras brasileiras vou plantar amor

      Eb   C7   Fm
Eu te amo meu Brasil, eu te amo
      Ab   EB
      Bb   Bb7   Bb   Bb7
Meu coração é verde, amarelo, branco, azul anil
      Eb7   C7   Fm
Eu te amo meu Brasil, eu te amo,
                                   Ab
Ab7M   Eb7M   Bb7   Eb Bb Bb7
Ninguém segura a juventude do Brasil,

                            Eb
2ª vez para terminar: Brasil

Ninguém é de ninguém

Bolero

Umberto Silva,
Toso Gomes e
Ruiz Mergulhão

© Copyright 1960 by Editora Rio Musical Ltda. Av. Ipiranga, 1123 - São Paulo - Brasil
Todos os direitos reservados - Copyright Internacional Assegurado - Impresso no Brasil

TOM — Sib MAIOR
Bb   F7   Bb

Introdução: Dm5- G7 Cm Ab7 Bb7M Gm7 Cm7 F7 Bb Dm7 Cm7 F7

            Bb
  Bb   D
Ninguém é de ninguém
Gm7   Cm
Na vida tudo passa
F7   Cm7   F7
Ninguém é de ninguém
            Bb7M
Até quem nos abraça
Eb7M Dm5-   G7
Não há recordação
           Cm7
Que não tenha seu fim
Gm7   C7
Ninguém é de ninguém
          Cm7 F7
O mundo é mesmo assim...

Bis {
F713 Bb   Bb
              D
Já tive a sensação
     Gm7   Cm7 F7
Que amava com fervor
F13 Cm7   F7
Já tive a ilusão
             Bb7M
Que tinha um grande amor
Eb7M Dm5-   G7
Talvez alguém pensou
          Cm
No amor que eu sonhei
         Ab7
E que perdi também
Bb7M Gm7 Cm7
E assim vi que na vida
F7   Bb Cm7 F7
Ninguém é de ninguém
     Eb7M Bb
2ª vez: ninguém
}

Nunca

Samba-Canção

Lupicínio Rodrigues

© Copyright 1944 by "Impressora Moderna" Ltda. - Brasil
Todos os direitos reservados para todos os países - All right reserved.

TOM — DÓ MAIOR
C G7 C

Introdução: Dm7 G7 C6⁹ Em9 A5+

    Dm
Nunca
Bb7
  Nem que o mundo
  C7M F7M Em7
  Caia sobre mim
    A7   Dm7
  Nem se Deus mandar
      F
      G
  Nem mesmo assim
   G7   Em   A7
  As pazes contigo eu farei
  F
Nunca
 F
  G   Bb9 C7M F7M Em7
  Quando a gente perde a ilusão
             F
Em7 A7   Dm7   G
D e v e sepultar o coração
    G7   Gm7
Como eu sepultei.

    F7M
Saudade
Bb7   C7M F7M Em7
Diga a esse moço por favor
Am7   Dm7   G7
Como foi sincero o meu amor
G
F   Em7   Gm7
Quanto eu o adorei tempos atrás
C7 F7M
Saudade
Bb7   C7M   F7M Em7
Mas não esqueça também de dizer
  Am7   Dm7   G7
Que é você que me faz adormecer
         6   9-
        C9 Em5- A5+
Prá que eu viva em paz.

                     6
             C Fm9 C9
2.ª vez: em paz

Samba da benção

Bossa

Baden Powell
e Vinicius de Moraes

© Copyright by Baden Powell
© Copyright 1974 by Tonga Editora Musical Ltda. (Parte 50% de Vinicius de Moraes)
Todos os direitos autorais reservados - All rights reserved.

TOM — SOL MAIOR
G   D7   G

Introdução: G7M   Am7   C7M   G7M   C/D

Cantado

G7M　　　　　　Am7　D7　G7M
　　É melhor ser alegre que ser triste
　　　　　Em7　　　Am7　　　D9　Bm7
　　A alegria é a melhor coisa que existe
　　　　　Em7　　　Am7　　　D7　G7M Am7 D7
　　É assim como a luz no coração
G7M　　　　G⁶/₉　　Am7　D7　　Bm7
　　Mas prá fazer um samba com beleza
　　　　　Em9　　Am7　D7　G
　　É preciso um bocado de tristeza
　　　　Em7　　Am7　D7　Bm7
　　Preciso um bocado de tristeza
　　　E7　　　　　　　　　　C
　　　B　　Am7　D7　G　D
　　Senão não se faz um samba não.

Falado

Senão é como amar uma mulher só linda
E daí? Uma mulher tem que ter
Qualquer coisa além de beleza
Qualquer coisa de triste
Qualquer coisa que chora
Qualquer coisa que sente saudade
Um melejo de amor machucado
Uma beleza que vem da tristeza
De se saber mulher
Feita apenas para amar
Para sofrer pelo seu amor
E prá ser só perdão.

Cantado

G7M　　　　　　　Am7　D7　G7M
　　Fazer samba não é contar piada
　　　　　Em7　　Am7　　D9　Bm7
　　Quem faz samba assim não é de nada
　　　　Em7　　　Am7　　　D7　G7M Am7 D7
　　Um bom samba é uma forma de oração
G7M　　　　G⁶/₉　　　Am7 D7　Bm7
　　Porque o samba é a tristeza que balança
　　　　Em9　　Am7　D7　G
　　E a tristeza tem sempre uma esperança
　　　　Em7　　Am7　D7　Bm7
　　A tristeza tem sempre uma esperança
　　　E7　　　　　　　　　　C
　　　B　　Am7　D7　G　D
　　De um dia não ser mais triste não
G7M　　　　　　　Am7　D7　G7M
　　Ponha um pouco de amor numa cadência
　　　　Em7　　Am7　　D9　Bm7
　　E vai ver que ninguém no mundo vence
　　　　Em7　　Am7　D7　　G7M Am7 D7
　　A beleza que tem o samba, não
G7M　　　　G⁶/₉　　Am7 D7　Bm7
　　Porque o samba nasceu lá na Bahia
　　　　Em9　　Am7　D7　G
　　E se hoje ele é branco na poesia
　　　　Em7　　Am7　D7　Bm7
　　Se hoje ele é branco na poesia
　　　E7　　　　　　　　　　C
　　　B　　Am7　D7　G　D
　　Ele é negro demais no coração

Falado

Eu, por exemplo, o Capitão do mato
Vinícius de Moraes
Poeta e diplomata
O branco mais preto do Brasil
Na linha direta de Xangô, Saravá!
A benção Senhora
A maior ialorixá da Bahia
Terra de Caymmi e João Gilberto
A benção Pixinguinha,
Tu que choraste na flauta
Todas as minhas mágoas de amor
A benção, Cartola, a benção Sinhô,
A benção, Ismael Silva
Sua benção Heitor dos Prazeres
A benção, Nelson Cavaquinho
A benção, Geraldo Pinheiro
A benção, meu bom Cyro Monteiro
Você, sobrinho de Nonô
A benção, Noel, sua benção, Ary
A benção, todos os grandes
Sambistas do Brasil
Branco, preto, mulato
Lindo como a pele macia de Oxô
A benção Maestro Antonio Carlos Jobim
Parceiro e amigo querido
Que já viajaste tantas canções comigo
E ainda há tantas por viajar
A benção, Carlinhos Lyra
Parceiro cem por cento
Você que une a ação ao sentimento
E ao pensamento
Feito essa gente que anda por aí
Brincando com a vida
Cuidado, companheiro!
A vida é prá valer
E não se engane não, tem uma só
Duas mesmo que é bom,
Ninguém vai me dizer que tem
Sem provar muito bem provado
Com certidão passada em cartório do céu
E assinado embaixo: DEUS
E com firma reconhecida!
A vida não é brincadeira, amigo
A vida é arte do encontro
Embora haja tanto desencontro pela vida
Há sempre uma mulher à sua espera
Com os olhos cheios de carinho
Ponha um pouco de amor na sua vida
Como no seu samba
A benção, a benção, Baden Powell
Amigo novo, parceiro novo
Que fizeste este samba comigo
A benção, amigo
A benção, Maestro Moacyr Santos,
Não és um só. Es tanto como
O meu Brasil de todos os santos
Inclusive meu São Sebastião
Saravá! A benção, que eu vou partir
Eu vou ter que dizer adeus

Cantado

G7M　　　　　　Am7　　　　D7　G7M
　　Ponha um pouco de amor numa cadência

(etc. para finalizar)

Meu caro amigo

Chôro

Francis Hime e
Chico Buarque de Hollanda

TOM — SOL MAIOR
G   D7   G

Introdução: G G° Am7 D7 G G° Am7 D7 Dm7 G7 C Cm G G° D4 D7

```
G            A#°           Am7       D7
 Meu caro amigo me perdõe por favor
G         Gm6           Am7 D7
 Se eu não faço uma visi—ta
            A#°        Am7        D7
 Mas como agora apareceu um portador
G         Gm             Am B7
 Mando notícias nessa fi—ta
Em         Em7         C#m5-    B7
 Aqui na terra tão jogando futebol
Em           Am7          D7
 Tem muito samba muito choro e rock n'roll
G         A#°             Am7      D7
 Uns dias chove noutros dias bate sol
G           Bm7          E7                    Am
 Mas o que eu quero é lhe dizer que a coisa aqui tá preta
Cm6           Bm7        E7
 Muita mutreta prá levar a situação
            Am7
 Am         D       Am7        E7
 Que a gente vai levando de teimoso e de pirraça
    Am7         C7M       Am7         E7
 E a gente vai tomando que também sem a cachaça
    Am7         D7
 Ninguém segura esse rojão
G         A#°         Am7         D7
 Meu caro amigo eu não pretendo provocar
G         Gm6       Am7 D7
 Nem atiçar suas sauda—des
G          A#°          Am7      D7
 Mas acontece que não posso me furtar
G         Gm6        Am7 B7
 A lhe contar as novida—des
Em         Em7         C#m5-    B7
 Aqui na terra tão jogando futebol
Em        Am           D7
 Tem muito samba muito choro e rock n'roll
G         A#°             Am7      D7
 Uns dias chove noutros dias bate sol
G           Bm7          E7                 Am
 Mas o que eu quero lhe dizer que a coisa aqui tá preta
Cm6           Bm         E7
 É pirueta prá cavar o ganha-pão
            Am7
 Am         D         Am7       E7
 Que a gente vai cavando só de birra só de sarro
 Am         C7M        Am7        E7
 E a gente vai fumando que, também, sem um cigarro
    Am7         D7  G
 Ninguém segura esse rojão
G         A#°          Am7       D7
 Meu caro amigo eu quis até telefonar
```

```
G         Gm6          Am7 D7
 Mas a tarifa não tem gra—ça
G          A#°          Am7       D7
 Eu ando aflito prá fazer você ficar
G         Gm6          Am7 B7
 A par de tudo que se pas—sa
Em         Em7         C#m7    B7
 Aqui na terra tão jogando futebol
Em           Am7          D7
 Tem muito samba muito choro e rock n'roll
G         A#°             Am7      D7
 Uns dias chove noutros dias bate rol
G           Bm7          E7                    Am
 Mas o que eu quero é lhe dizer que a coisa aqui tá preta
Cm           Bm7        E7
 Muita careta pra engolir a a transação
             Am7
 Am          D       Am7         E7
 E a gente tá engolindo cada sapo no caminho
                C7M
 Am7         D         Am7           E7
 E a gente vai se amando que, também, sem um carinho
    Am7         D7  G
 Ninguém segura esse rojão
G         A#°           Am7       D7
 Meu caro amigo eu bem queria lhe escrever
G         Gm6        Am7 B7
 Mas o correio andou aris—co
G          A#°         Am7       D7
 Se permitem vou tentar lhe remeter
G         Gm6          Am7 B7
 Notícias frescas nesse dis—co
Em         Em7         C#m5-    B7
 Aqui na terra tão jogando futebol
Em           Am7          D7
 Tem muito samba muito choro e rock n'roll
G         A#°             Am7      D7
 Uns dias chove noutros dias bate sol
G           Bm7          E7                 Am
 Mas o que eu quero é lhe dizer que a coisa aqui tá preta
Cm           Bm7        E7
 A Marieta manda um beijo para os seus
       Am7         Am7       E7
 Um beijo na família na Cecília e nas crianças
                C7M
 Am7         D         Am          E7
 O Francis aproveita prá também mandar lembranças
 Am7         D7
 A todo pessoal
 G         G7M
 Adeus.
```

O Que será

(A flor da terra)

Samba

Chico Buarque de Hollanda

© Copyright 1976 by Cara Nova Editora Musical Ltda.
Todos os direitos autorais reservados - All rights reserved.

TOM — RÉ MENOR
Dm   A7   Dm

Introdução: Bb7M   Am7   Gm7   A9-   Dm   Em   A13(9-)

     Dm   Dm7M
O que será, que será
              Dm7
Que andam suspirando pelas alcovas
Dm6   Gm
Que andam sussurrando em versos e trovas
Gm
 F   Em5-
Que andam combinando no breu das tocas
A7   Dm
Que anda nas cabeças, anda nas bocas
Dm7   Am7
Que andam acendendo velas nos becos
Am5- D9-   Gm
Estão falando alto pelos botecos
Gm7M   Gm7   Gm6
E gritam nos mercados que com certeza
A5+   Dm
Está na natureza
   Dm7M   Dm7
Será, que será
   Dm6   Bbm7   Bbm6
O que não tem certeza nem nunca terá
          F   Db7
          A   Ab
O que não tem concerto nem nunca terá
                  9
Gm7 A7   Dm Em5- A5+
O que não tem tamanho
Dm   Dm7M
O que será que será
         Dm7
Que vive nas idéias dessea amantes
Dm6   Gm
Que cantam os poetas mais delirantes
 Gm
  F   Em5-
Que juram os profetas embriagados
 A7   Dm
Está na romaria dos mutilados
Dm7   Am7
Está na fantasia dos infelizes
Am5- D9-   Gm
Está no dia-a-dia das meretrizes
Gm7M   Gm7
No plano dos bandidos dos desvalidos
Gm6 A5+   Dm
Em todos os sentidos
   Dm7M
Será que será
Dm7 Dm6   Bbm7
O que não tem decência nem nunca terá

          F   Db7
Bm6   A   Ab
O que não tem censura nem nunca terá
                     9
Gm7 A7   Dm Em5- A5+
O que não faz sentido
Gm   Gm7M
O que será, que será
Gm7   Dm
Que todos os avisos não vão evitar
Fm
Ab   G7   Cm
Porque todos os risos vão desafiar
Cm7   Am5-
Porque todos os sinos irão repicar
D7   Gm   Gm7M
Porque todos os hinos irão   consagrar
Gm7   Ab7   G7
E todos os meninos vão desimbestar
          Cm Cm7M   Cm7
E todos os destinos irão se encontrar
              Am5-
E mesmo o padre eterno que nunca foi lá
D9-   Gm   Gm7
Olhando aquele inferno vai abençoar
Gm7   Ebm7   Ebm6
O que não tem governo nem nunca terá
         Bb   Gb7
         D   Db Cm7
O que não tem vergonha nem nunca terá
                11
D7   Gm Gm9
O que não tem juízo.

Que maravilha

Jorge Ben e Toquinho

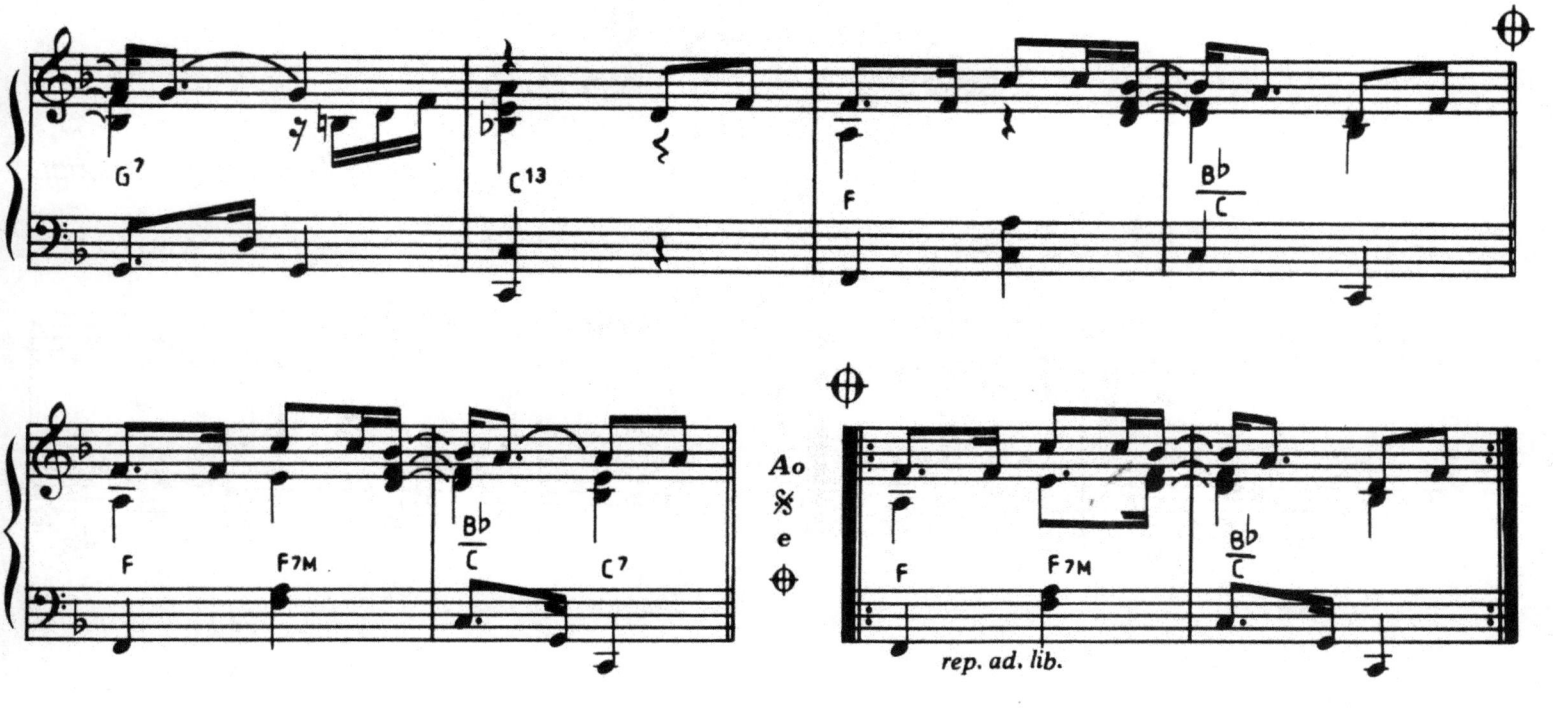

TOM — FÁ MAIOR
F   C7   F

Introdução: F7M⁹ C^(Bb) F7M⁹ C^(Bb) C13

       F   C13   F
Lá fora está chovendo
       Bb7M   Am7
Mas assim mesmo eu vou correndo
  D7   Gm7 C7   Am7 Dm7 Gm9
Só prá ver o meu amor,
Gm6 F   Gm7
Ela vem toda de branco,
     Am7   Bb7M
Toda molhada e despenteada
    Am
Que maravilha
  Dm7 Gm   C7 F F7M
Que coisa linda que é o meu amor
   Bb
  C   F
Por entre bancários, automóveis, ruas e avenidas
   Bb
  C   Am7 Gm7
Milhões de buzinas tocando sem cessar
    Bb
F7M C   F7M
Ela vem chegando de branco meiga e muito tímida
   Bb
  C   C7
Com a chuva molhando o seu corpo
  C9   F7M
Que eu vou abraçar
 Bb7M   G7 C13
E a gente no meio da rua andando no meio da chuva
  Bb
F C
A girar, que maravilha!
     Bb
F F7M C C7
A girar, que maravilha!
     Bb
F F7M C
A girar, que maravilha!

Construção

Chico Buarque de Hollanda

28

TOM — MI MENOR
Em   B7   Em

Introdução: Em   Bm7   Em   Bm7

Em   Am7   Em   Am7
   Amou daquela vez como se fôsse a última
Em   Am7
   Beijou sua mulher como se fôsse a última
Em7   Am7   Em
   E cada filho seu como se fôsse o único
                                    F#m5-   B7
   E atravessou a rua com seu passo tímido

Em   Am7   Em   Am7
   Subiu a construção como se fôsse máquina
Em7   Am7
   Ergue o patamar quatro paredes sólidas
Em7   Am7   Em
   Tijolo com tijolo num desenho mágico
                                      B7
   Seus olhos embotados de cimento e lágrima

F#m7   B7   F#m5-   B7
   Sentou para descansar como se fôsse sábado
Am   B7
   Comeu feijão com arroz como se fôsse príncipe
C9^(11+)
                               B7
   Bebeu e soluçou como se fôsse um náufrago
                                Am
   Dançou e gargalhou como se ouvisse música

F#m5-   B7   Em   Am9
   E tropeçou no céu como se fôsse um bêbado
Em   Am   Em   Am9
   E flutuou no ar como se fôsse um pássaro
Em   F#m5-   B7   Em
   E se acabou no chão feito um pacote flácido
                               F#5-   B7
   Agonizou no meio do passeio público.

Em   Am7   Em   Am7   Em   Am9 Am7
   Morreu na contramão atrapalhando o tráfego

Em   Am7   Em   Am7
   Amou daquela vez como se fôsse o último
Em   Am7
   Beijou sua mulher como se fôsse a única
Em7   Am7   Em
   E cada filho seu como se fôsse o pródigo
                                   F#m5-
   E atravessou a rua com seu passo bêbado

Em   Am7   Em   Am7
   Subiu a construção como se fôsse sólido
Em   Am7
   Ergueu no patamar quatro paredes mágicas
Em7   Am7   Em
   Tijolo com tijolo num desenho lógico
                                      B7
   Seus olhos embotados de cimento e tráfego

F#m5-   B7   F#m5-   B7
   Sentou para descansar como se fôsse um príncipe
Am   B7
   Comeu feijão com arroz como se fôsse o máximo
C9^11
                               B7
   Bebeu e soluçou como se fosse máquina
                                Am   F#m5-
   Dançou e gargalhou como se fôsse o próximo

             B7   Em   Am9
   E tropeçou no céu como se ouvisse música
Em   Am   Em   Am9
   E flutuou no ar   como se fôsse sábado
Em   F#m5-   B7   Em
   E se acabou no chão feito um pacote tímido
                               F#m5-   B7
   Agonizou no meio do passeio náufrago

Em   Am   Em   Am7   Em   Am9 Am7
   Morreu na contramão atrapalhando o público

Em   C7   B7   Em
   Amou daquela vêz como se fôsse máquina
           Em
           D   C7M
   Beijou sua mulher como se fôsse lógico
                                          A#°
   Ergueu no patamar quatro paredes flácidas
                Am7   Em
   Sentou prá descansar como se fôsse um pássaro
           F#7   B7   C7M
   E flutuou no ar   como se fôsse um príncipe
                           Em   F#m5-   B9-
   E se acabou no chão feito um pacote bêbado

Em   Am7   Em   Am9   Em
   Morreu na contramão atrapalhando o sábado.

Gavião Calçudo

Samba

Pixinguinha

TOM — Sib MAIOR
Bb F7 Bb

Introdução: Eb Ebm⁶ Dm 7/11 G7 Gm7 Cm7 F7 Dm7 G7 C7 F7 Bb Eb Bb Gm7 Cm Bb

    Cm7
Chorei
Eb F7 Bb
Porque
Bb G7 Cm
Fiquei
F7   Bb Bb7
Sem meu amor
Eb   Ebm Bb
O gavião marvado
  G7   Cm
Bateu aza e foi com ela
  F7   Bb
E me deixou.

        Bb   D7   Gm7
Quem tiver mulher bonita
Ab7   G7   Cm7
Espanta dos gavião
    Eb
    F   Gb7   F7
Eles tem unha comprida
Cm7   Fsusp   F7   Bb
Deixa os m a r i d o na mão
  Bb   Ab7 G7
Mas viva quem solteiro
Dm5-   G7   Cm7
Não tem amor nem paixão
                 Bb
  Ebm6   D
Mas vocês que são casados
Gm7 Cm7   F7 Bb
Cuidado com os gavião.

        Bb   D7   Gm7
O culpado disso tudo
Ab7   G7   Cm7
São os maridos d'agora
    Eb
    F   Gb7   F7
As mulhé anda na rua
Cm7   Fsusp F7   Bb
Com as cânela de fora
  Bb   Ab   G7
O gavião tomô cheiro
Dm5-   G7   Cm7
Vem descendo sem demora
                Bb
  Ebm6
Garra ela pelo bico
Gm7 Cm7 F7   Bb
Bate aza e vão se embora.

Gaúcho

Corta-Jaca

Tango Brasileiro

Música de
Chiquinha Gonzaga

© Copyright by ERNESTO AUGUSTO MATTOS - Rio de Janeiro - Brasil
© Copyright assigned 1939 to IRMÃOS VITALE - Rio de Janeiro - Brasil
International Copyright Secured - All Rights Reserved.

Não me diga adeus

Samba

Letra e Música
Paquito Luiz Soberano
e João Corrêa da Silva

© Copyright 1947 by Irmãos Vitale S.A. Ind. e Com. São Paulo - Rio de Janeiro - Brasil
Todos os direitos autorais reservados para todos os países - All Rights Reserved.

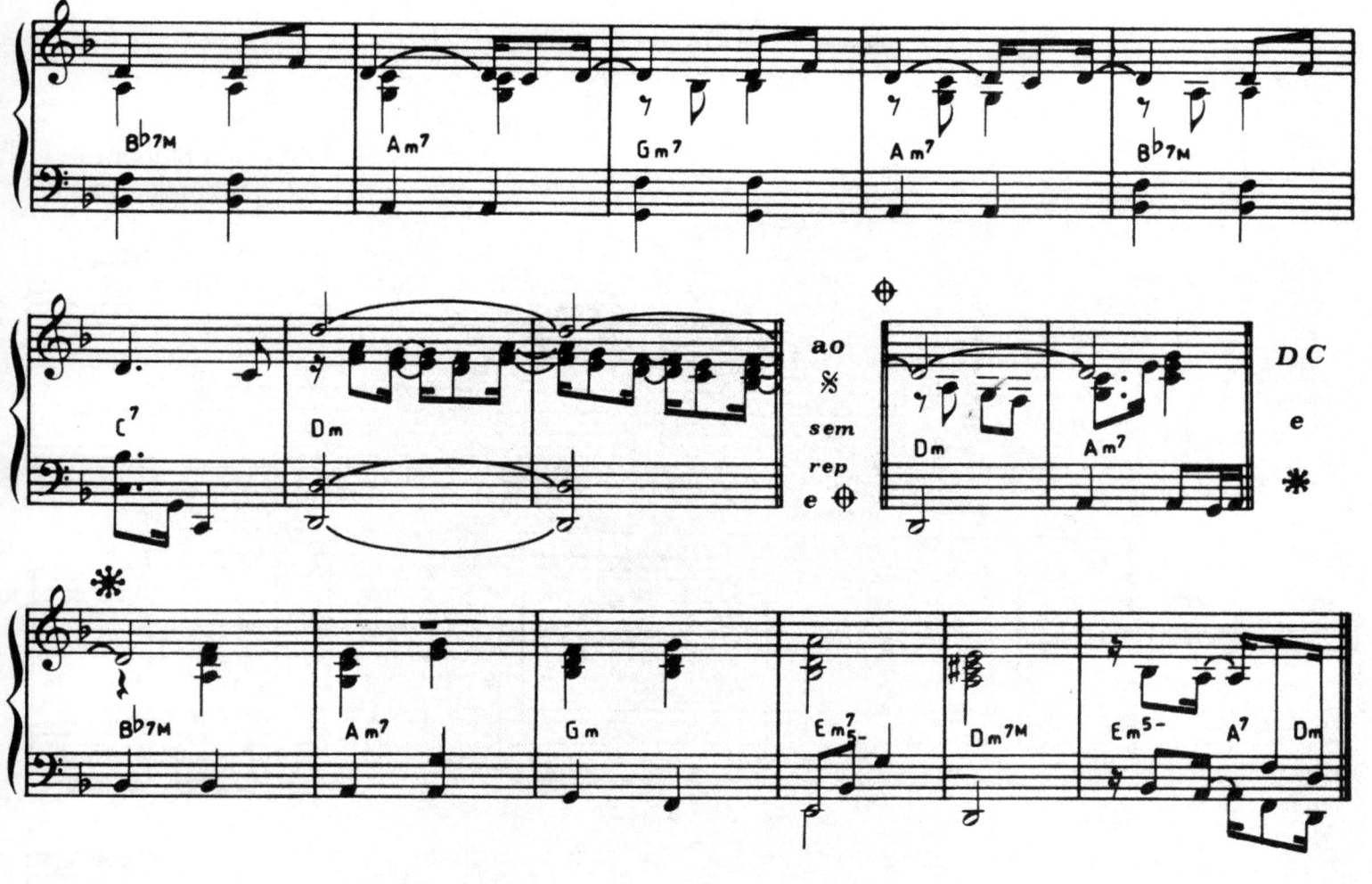

TOM — RÉ MENOR
Dm   A7   Dm

Introdução: *Bb7M Am7 Gm7 Am7 Bb7M Am Dm Em5- A7*

Côro

Dm7 Gm7   C   C13   F#m7 F7M
Não   não me diga a d e u s
Em7   Am7   Dm
Pense nos sofrimentos meus!

Bb Bb7 Gm7   Dm
Se alguém lhe dá conselhos
*   D7   Gm7*
Prá você me abandonar
Em   Am7 Dm
Não devemos nos separar

Bb7M   Am7
Não vá me deixar,
*   Gm7*
Por favor
*   Am7*
Que a saudade
*   Bb7M*
É cruel
*   C7   Dm*
Quando existe amor

(Côro com assobio)

Dm7 Gm7   C   C13   F#m7 F7M
Não,   não me diga a d e u s
Em7   Am7   Bb7M Am7 Gm Em7 Dm7M Em5- A7 Dm
Pense nos sofrimentos meus!

Negue

Samba-Canção

Adelino Moreira
e Enzo de Almeida Passos

TOM — DÓ MENOR
Cm   G7   Cm

Introdução: Fm   G7   G5+⁹⁻   Fm   G7   Cm7   ᶠᵐC   Cm   C   G7   Ab7   G5+⁹⁻

        Cm   Cm7   Cm   Cm7   Fm
Negue seu amor e o seu carinho
Fm
Eb   Dm5-   G7   Cm   Eb   Dm5-   G7
Diga que você já me esqueceu
    Cm   Cm   Fm
Cm   Eb   Cm   Ab   Fm6
P i s e machucando com geitinho
   G7   Cm9
Este coração que ainda é seu
Cm7   Fm7   Bb7   Eb   Eb7M
Diga que o meu pranto é covardia
Ab7M   Fm7
Mas não esqueça
   Dm5-   G7   Cm
Que você foi minha um dia.

         Fm
Fm7   Eb   G7
Diga que já não me quer
      Fm   F
Fm7   Eb   G
Negue que me pertenceu
        Fm9
G13   Ab   G7   Cm
Que eu mostro a boca molhada
   Dm5-   Cm
E ainda marcada
       G7   Cm   G5+⁹⁻
Pelo beijo seu.

(2ª vez, para terminar:)

              Ab
F°   Cm7   Cm6   C   Cm
Pelo beijo teu

Insensatez

Bossa

Antônio Carlos Jobim
e Vinicius de Moraes

© Copyright by Antonio Carlos Jobim
© Copyright 1974 By Tonga Editora Musical Ltda.
Todos os direitos autorais reservados - All rights reserved.

F#m5-
B7
Em7
Dm7
C#m5-
C7M
Am
C7M
Am/B
Em
Em7
Eb7
Dm7
G7
C#m7
F#7
F#m5-
B7
Em
F#m5-
B7
Ao
e

TOM — MI MENOR
Em   B7   Em

Introdução: Em   F#m5-   B9-   Em   Am9

   Em7   Em9   Em7   B   D#   Dº
   Ah,   insensatez que você fez
             A
   E7   C#
   Coração mais sem cuidado
   Am
    C   Am   F7M   F#m5-
   Faz   chorar de dor o seu amor
    B7   Em7
   Um amor tão delicado
   Dm7   C#m5- C7M   Am
   Ah, por que você   foi fraco assim
       Am
    C7M   B Em   Em7 Eb7
   Assim tão desalmado

   Dm7 G7   C#m7 F#7   F#m5-
   Ah,   meu coração   quem nunca amou
        B7   Em F#m5- B7
   Não merece ser amado
   Em7 Em7 Em9   B   D#   Dº
   Vai   meu coração ouve a razão

           A
   E7   C#
   Usa só sinceridade
   Am
   C   Am   F7M   F#mº
   Quem semeia vento diz a razão
    B7   Em7
   Colhe sempre tempestade
   Dm7   C#m7 C7M   Am
   Vai meu coração   pede perdão
        Am
    C   B Em Em7 Eb7
   Perdão a p a i x o n a d o

   Dm7 G7   C#m5- F#7   F#m5-
   Vai,   porque quem não   pede perdão
                   C
    B7   Em9 D Em9
   Não é nunca p e r d o a — d o

Para terminar:

   Dm7 G7   C#m7 F#7   F#m7
   Vai   porque quem não   pede perdão
                   C
    B7   Em9 D G7M Em9
   Não é nunca p e r d o a — d o

Fera Ferida

Roberto Carlos
e Erasmo Carlos

Dm7 G9 C G7 E9- Am
Dm Gm7 C7 F Gm7 C7 F
G7 C Am7 Dm G7
1.
E9-
Am Gm C7
2.
Dm7 G7 C Gm7 C7
F G7 C Am Dm7

TOM — DÓ MAIOR
C G7 C

Introdução: C F G Em Dm C Am G7

      C   Dm   G7   C
Acabei com tudo, escapei com vida
           Am
Tive as roupas e os sonhos
                  Dm7
Rasgados na minha saída
     F
  G7 G
Mas saí ferido

F   Dm
Sufocando meu gemido
    G
Fui o alvo perfeito
    G5+   C Am Dm7
Muitas vezes no peito atingido
  G9   C   G7
Animal arisco
E9-   Am
Domesticado esquece o risco
    Dm
Me deixei enganar
   Gm   C7   F Gm7
E até me deixar levar por você
C7 F   G7   C
     Eu sei   quanta tristeza eu tive
Am7   Dm G7
     Mas mesmo assim se vive
E9-   Am   Gm
    Morrendo aos poucos por amor,
C7 F   G7   C
     Eu sei, o coração perdoa
Am7   Dm G7
     Mas não esquece à toa
E9-   G7   C Gm7
    E eu não me esqueci.
C7   F
    Não vou mudar
G7   C
    Esse caso não tem solução
Am   Dm7
    Sou fera ferida
        G7   C
No corpo, na alma e no coração.

      C   Dm   G7   C
Eu andei demais, não olhei pra trás
         Am
Era solto em meus passos
                      Dm7
Bicho livre, sem rumo, sem laços
       F
  G7 G
Me senti sózinho
F   Dm
Tropeçando em meu caminho
    G
A procura de abrigo
     G5+   C Am Dm7
Uma ajuda, um lugar, um amigo
  G9   C   G7
Animal ferido
E9-   Am
Por instinto decidido
    Dm
Os meus rastros desfiz
Gm7   C7   F Gm7
Tentativa infeliz de esquecer
C7 F   G7   C
     Eu sei   que flores existiram
Am7   Dm G7
     Mas que não resistiram
E9-   Am   Gm
    A vendaváis constantes
C7 F   G7   C
     Eu sei   que as cicatrizes falam
Am7   Dm G7
     Mas as palavras calam
E9-   G7   C Gm7
    O que eu não me esqueci
C7   F
    Não vou mudar
G7   C
    Esse caso não tem solução
Am   Dm7
    Sou fera ferida
        G7   C
No corpo, na alma e no coração

João e Maria

Valsinha

Sivuca e
Chico Buarque de Hollanda

B7
Em
Am7
D7
D#0
Em
B5+
Em
Am
D7
Dm/F
E7
F#m5-
E7
Am
D7
G
C7
F
B7
Em
Fim
Em
B/D#
Dm6
E7
Am/C
D7
G
C

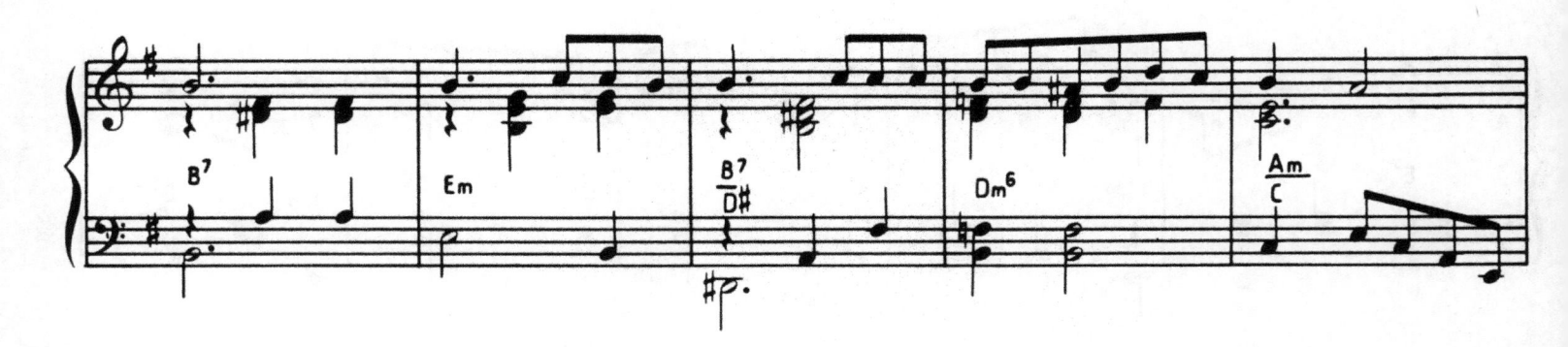

Transportado o TOM
para canto = LÁ MENOR
Am   E7   Am

Introdução: G7   E7   Am7   Am9   Am

  Am   Dm7
    Agora eu era o herói
      G7   G#°   Am
    E o meu cavalo só falava inglês
           Dm
    A noiva do cowboy
                   9
     G7   C7M   C6
    Era você além das outras três
C7M   C   B7
    Eu enfrentava os batalhões
  B7   Em7
    Os alemães e seus canhões
  G7   C
    Guardava o meu bodoque
  C7   F
    Ensaiava um rock
          Dm7 E7
    Para as matinês
Am   Dm
    Agora eu era o rei
    G7   G#°   Am   E5+
    Era o Bedel e era também juiz
Am   Dm
    E pela minha lei
             Gm
    G7   Bb A7
    A gente era obrigado a ser feliz
Bm5- A7 Dm   G7
  E vo—cê era a princesa
        C
    Que eu fiz coroar
  F5   Bb
    E era tão linda de se admirar
    E7   Am
    Que andava nua pelo meu país

            E
Am   G#
    Não, não fuja, não
                Dm
    Gm6   A7   F
    Finja que agora eu era o seu brinquedo
G7   C
    Eu era o seu pião
 F   E7
    O seu bicho preferido
           E7
Am   G#
    Vem me dê a mão
               Dm
    Gm6   F
    A gente agora já não tinha medo
                   Am
G7   E7   Am   G
    No tempo da maldade acho que a gente
    Dm
F7 F   E7   Am
    Nem tinha nascido
          Dm7
    Agora era fatal
    G7   G#°   Am E5+
    Que faz de conta terminasse assim
Am   Dm
    Prá lá deste quintal
             Gm
    G7   Bb
    Era uma noite que não tem mais fim
A7 Bm5- A7   Dm   G7   C
    Pois vo—cê sumiu no mundo sem me avisar
    F7   Bb
    E agora era um louco a perguntar
          E7   Em
    O que é que a vida vai fazer de mim.

Detalhes

Roberto Carlos
e Erasmo Carlos

© Copyright 1971 by Editora Mundo Musical Ltda.
Todos os direitos autorais reservados - All rights reserved.

Am
Am/G
E♭9
D
D7
C/D
D7
C/D
D9
G
G7M
G
Bm7
E9-
Am7
D9
G
G7M
G
G7M
E9-
Am7
D7
G
G7M
G
G7M
C/D
E♭9
D
D7
Bm7
E9-

TOM — SOL MAIOR
G   D7   G

Introdução: G G7M E9-

```
    Am                    D9              G  G7M  G  G7M
       Não adianta nem tentar, me esquecer
 E9-    Am7                D9              G  G7M  G  G7M
       Durante muito tempo em sua vida, eu vou viver
 E9-    Am7            D7
       Detalhes tão pequenos de nós dois
            G                        E7
       São coisas muito grandes prá esquecer           D
                                                       C
         Am              Eb9       D  D7
       E a toda hora vão estar presentes, você vai ver
            C
 D7      D                D9          G  G7M  G  Bm7
       Se um outro cabeludo aparecer, na sua vida
 E9-    Am7              D9           G  G7M  G
       E isto lhe trouxer saudades minhas, a culpa é sua
 E9-    Am7            D7
       O ronco barulhento do seu carro
            G      G7M           G
       A velha calça desbotada, ou coisa assim
            C
 G7M    D         Eb9        D  D7  Bm7
       Imediatamente você vai  lembrar de mim
            C
 E9-    D                 D9           G  G7M  G  Bm7
       Eu sei que um outro deve estar falando, ao seu ouvido
 E9-    Am7              D9         G  G7M  G  G7M
       Palavras de amor como eu falei, mas eu duvido
 E9-    Am7              D7
       Duvido que ele tenha tanto amor
             G       G7M          G  G7M
       E até os erros do meu português ruim
            C
        D          Eb9          D  D7  Bm7
       E nessa hora você vai, lembrar de mim
            C
 E9-    D               D9          G  G7M  G  Bm7
       A noite envolvida no silêncio do seu quarto
 E9-               D9          G  G7M  G  G7M
       Antes de dormir você procura, o meu retrato
 E9-    Am7                         D7
       Mas na   moldura não sou eu quem lhe sorri
               G     G7M       G  G7M
       Mas você vê o meu sorriso mesmo assim
            C
        D          Eb9       D  D7  Bm7
       E tudo isso vai fazer você, lembrar de mim
            C
 E9-    D                   D9         G  G7M  G  Bm7
       Se alguém tocar seu corpo como eu, não diga nada
 E9-    Am7                  D9          G  G7M  G  G7M
       Não vá  dizer meu nome sem querer, a pessoa errada
 E9-    Am7              D7
       Pensando ter amor nesse momento
             G    G7M       G  G7M
       Desesperada você tenta até o fim
            C
        D          Eb9         D  D7  Bm7
       E até nesse momento você vai lembrar de mim
            C
 E9-    D                         G  G7M  G  Bm7
       Eu sei que esses detalhes vão sumir, na longa estrada
 E9-    Am7              D9          G  G7M  G  G7M
       Do tempo que transforma todo amor em quase nada
 E9-    Am7            D9
       Mas quase também é mais um detalhe
             G     G7M       G  G7M
       Um grande amor não vai  morrer assim
            C
        D          Eb9            D  D7  Bm7
       Por isso de vez em quando você vai lembrar de mim
    Am                   D9         G  G7M  G  G7M
       Não adianta nem tentar me esquecer
 E9-    Am7                     D9          G  G7M  G  G7M
       Durante muito, muito tempo em sua vida, eu vou viver
 Am7                D9         G
       Não, não adianta nem tentar, me esquecer
```

Apesar de você

Samba

Chico Buarque de Hollanda

Gm
B♭m6
F
B♭7
Am7
B♭7M
Fm9
Em7
A7
Dm
A9-
C#
Am5-
D7
G7
C13
F
C13
A
F
C9
F
F7M
Am7
D7
Gm
D9-
Gm
Gm7
Em5-
A7
Em5-
A7

Em5-
A7
Am5-
D7
Gm
Bbm6
F
D7
G7
C13
F
A5+
3
Dm
Dm7M
Am5-
D9-
G7
C7
C9
F
A7
Ao
G7
C7
F
Gm7
C7
Ao
A
F
Bb/C
F
Dm
Gm7
C7
Rep. ad. lib.

TOM — RÉ MENOR
Dm   A7   Dm

Introdução: *Dm   Gm   A5+*

```
          A9-
Dm        C#        Cm7
Hoje você  é quem manda
     D9-       G7
Falou, tá falado
       C9       F7M  A7
Não tem discussão,  não
              Cm
Dm       Eb         Am5-
   A minha gente hoje anda
       D7      Am5-
   Falando de lado
       D7         Am5-  D7
   E olhando pró chão, viu
      Gm           Bbm6        F
   Você  que inventou   esse estado
         Bb7       Am7
   E inventou de inventar
               Bb7  Fm6 Em7  A7
   Toda a es — curidão
            A9-
Dm          C#        Am5-
   Você que inventou  o pecado
          D7         G7
   Esqueceu-se de inventar
      C13      F    C13
   O   perdão
   F      C9      F
   Apesar de você
   F7M           Am7
   Amanhã há de ser
   D7    Gm  D9-
   Outro dia
   Gm       Gm7      Em5-
   Eu pergunto a você
         A7        E5-
   Onde vai  se esconder
        A7      Em5-   A7
   Da enorme eufo — ria
Am5-       D7
   Como vai proibir

   Quando o galo insistir
            Gm
   Em cantar
Bbm6             F
   Água nova brotando
        D7       G7
   E a gente se amando
      C13    F    A5+
   Sem   parar
   F      C9      F
   Apesar de você
   F7M           Am7
   Amanhã há de ser
   D7    Gm  D9-
   Outro dia
   Gm       Gm7      Em5-
   Inda pago  prá ver
         A7       Em5-
   O jardim florescer
         A7        Em5-  A7
   Qual você  não queri — a
Am5-       D7
   Você vai se amargar

   Vendo o dia raiar
                 Gm
   Sem lhe pedir licença
Bbm6                 F
   E eu vou morrer de rir
        D7       G7
   Que esse dia  há de vir
                C13  F
   Antes do que você   pensa
```

```
   F      C9      F
   Apesar de você
   F7M           Am7
   Amanhã há de ser
   D7    Gm  D9-
   Outro dia
   Gm       Gm7      Em5-
   Voce vai  ter que ver
         A7       Em5-
   A manhã  renascer
         A7     Em5-  A7
   Esbanjar poesi — a
                D7
   Como vai  se explicar

   Vendo o céu clarear

               Gm
   De repente, impunimente
Bbm6         F
   Como vai abafar
         D7       G7
   Nosso côro a cantar
         C13           A5+
   Na sua  frente

        (apesar de você)

   Dm       Dm7M    Am5-
   Quando chegar   o momento
            D9-     G7
   Esse meu sofrimento
A5+ C7    C9       F     A7
   Vou cobrar com juros, juro
              Cm
Dm       Eb         Am5-
   Todo este amor reprimido
       D7       Am5-
   Esse grito contido
       D7           Am5-  D7
   Esse samba no escu — ro
      Gm           Bbm6        F
   Você  que inventou   a tristeza
         Bb7       Am7
   Ora, tenha a fineza
               Bb7M  Fm9 Em7  A7
   De desin — ventar
            A7
Dm          C#        Am5-
   Você vai pagar  e é dobrado
          D7         G7
   Cada lágrima rolada
      C7    F      Gm  C7
   Nesse meu penar
          C9      F
   Apesar de você
   F7M           Am7
   Amanhã há de ser
   D7    Gm  D9-
   Outro dia
   Gm       Gm7      Em5-
   Você vai  se dar mal
         A7     Em5-
   Etc.  e tal
           A7
   Lá lá iá , etc.
```

Palpite Infeliz

Samba

Noel Rosa

TOM — SOL MAIOR
G   D7   G

Introdução: C Cm⁶ G7M Em9 A7 D7G G⁶₉

I

        G   C7   G9
Quem é você que não sabe o que diz?
9
C7M   Am7   Bm4   E7   Bm7
Meu Deus do céu, que palpite infeliz!
    Am
Am G   F#m B7 F#m5-B7   Em
Salve Estácio, Salgueiro,   Mangueira,
Em7   Em   A7
Oswaldo Cruz e Matriz.
  A7   Am7   D9
Que sempre souberam muito bem.
   G7M   Bm4
Que a vila não quer abafar ninguém,
E9-   G#º A7   D7   G7M Am7 Bm7
Só quer mostrar que faz samba também!

II

                             6
Em9 Am7   D7   G9
Fazer poemas lá na Vila é um brinquedo!
                              6
G7M   Dm7   G7   C9
Ao som do samba, dança até o arvoredo!
C7M   C6   Cm
Eu já chamei você pra ver,
      G7M   F7   E7
Você não viu porque não quiz!
   E9-   A7   D7   G7M
Quem é   você, que não sabe o que diz?

III

                            6
Em9 Am7   D7   G9
A Vila é uma cidade independente,
                             6
G7M   Dm7   G7   C9
Que tira samba, mas não quer tirar patente!
C7M   C6   Cm
Prá que ligar a quem não sabe
      G7M   F7   E7
Aonde tem o seu nariz?
      G7M   F7   E7
Aonde tem o seu nariz?
   E9-   A7   D7   G7M
Quem é você que não sabe o que diz?

Por causa de você

Samba-Canção

Letra de
Dolores Duran

Música de
Antônio Carlos Jobim

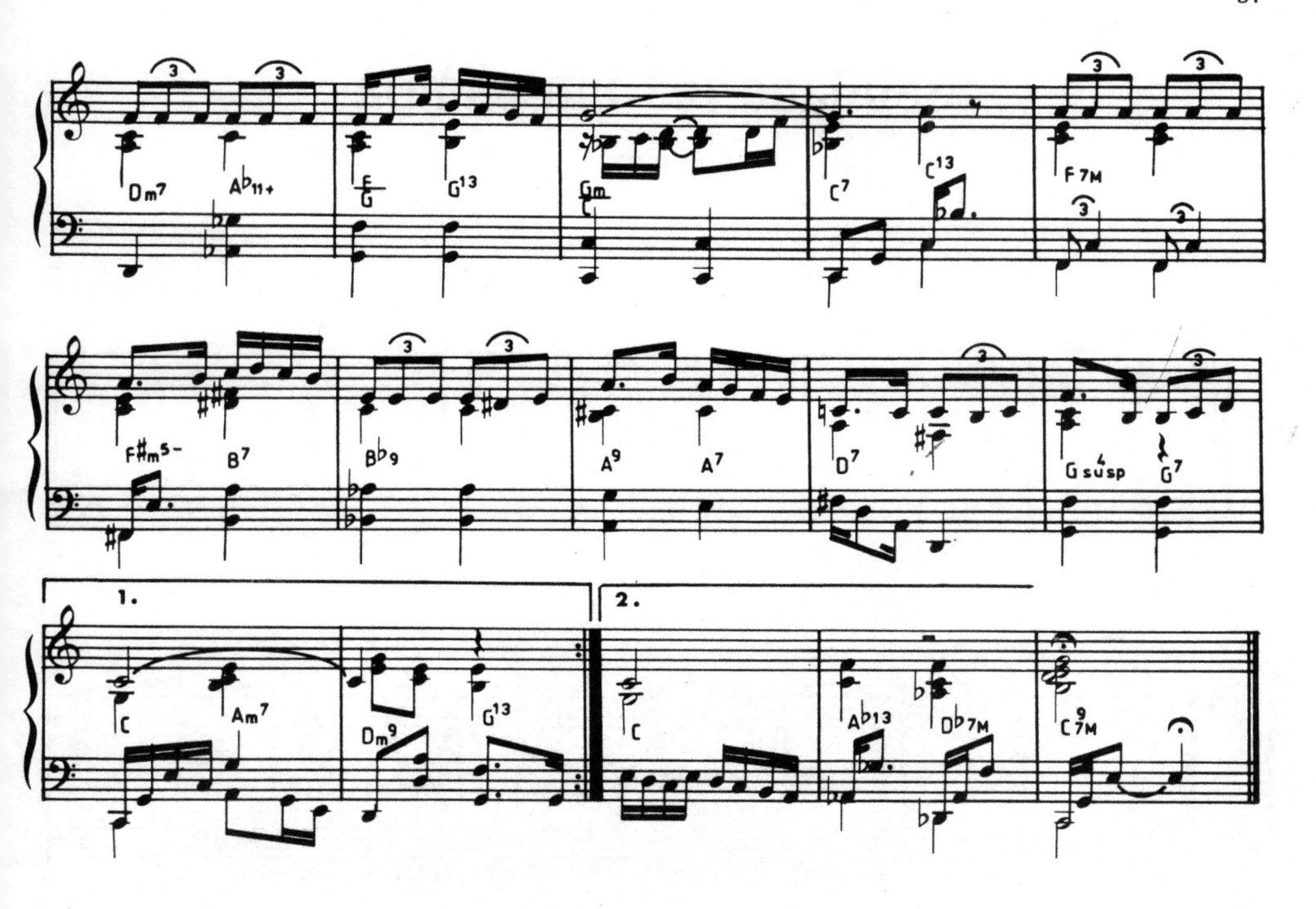

TOM — DÓ MAIOR
C   G7   C

Introdução: C7M   F7M   F#m5-   F#   B9-   Em9   Am7   Fm9/11

CM7   C5+   C6
Ai, você está vendo só
       C7   D   C
Do geito que eu fiquei
              Bb7M
E que tudo ficou
            F
A7 Dm7   Ab7   G
Uma tristeza tão grande
                          Gm
    G7   C7M   Bb
Nas coisas mais simples que você tocou
  13
C9-   F7M   F#m5-
A nossa casa querida
       B9-
       F#   Em7   Bb11+   A7
Já estava acostumada guardando você
                Gb   F
       Dm7   Ab   G
As flores na janela sorriam, cantavam
       G7   Bb9
Por causa de você

                       4
A7   Dm   Gsusp
Olha meu bem, nunca mais
                                      9-
       G7   C7M   C9/7M   Em5-   A5+
Me deixe por favor
                             F
Dm7   Ab11+   G
Somos a vida e o sonho
                          Gm
       G13   C   C7
Nós somos o amor
C13   F7M   F#m5-
Entre meu bem, por favor,
       B7   Bb9
Não deixe o mundo mau
                      A9
Lhe levar outra vez
       A7   D7
Me abrace simplesmente
                4
              Gsusp
Não fale, não lembre,
                            9
       G7   C   Ab13 Db7M C7M
Não chore, meu bem

Saudade fez um samba

Samba

Letra e Música
de Carlos Lyra e
Ronaldo Boscoli

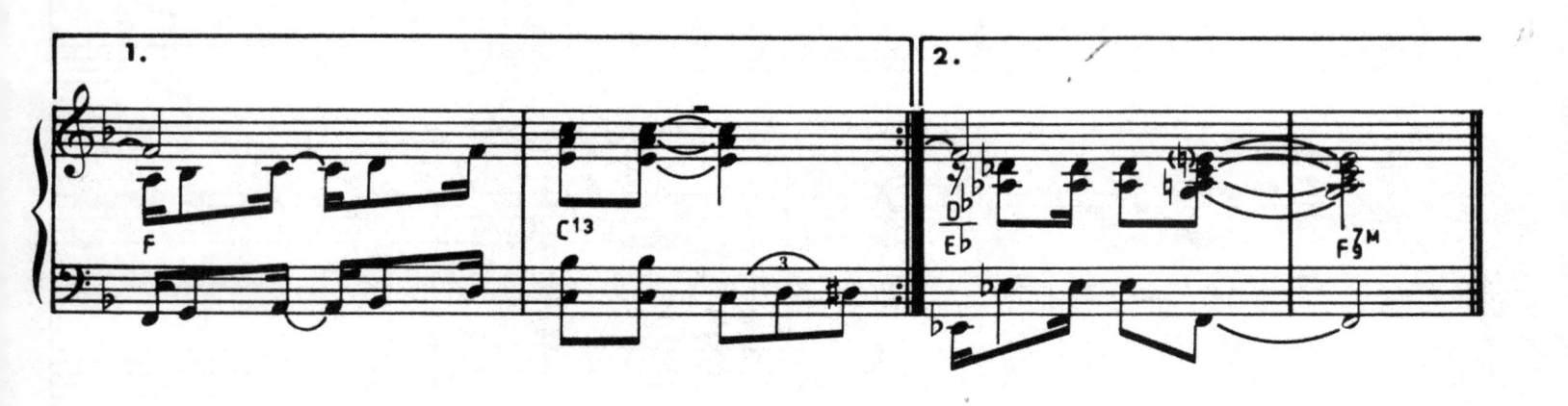

TOM — FÁ MAIOR
F   C7   F

Introdução: G9 C7 C9- F C13

    F7M
Deixa que o meu samba
       Gm7   C7
Sabe tudo sem você
         F   G7
Não acredito que o meu samba
      Gm7   C7 F7M
Só depende de você
    Cm7   D9-
A dor é minha e me doeu
     Bb6   C7
A culpa é sua o samba é meu
    5-
  Em7   A7   Dm
Então não vamos mais brigar
         Bb
G7   C   F   C13
Saudade fez um samba em seu lugar

    (2.ª Vez para terminar)

         Bb   Db 7
G7   C   Eb F9M
Saudade fez um samba em seu lugar

Homem com "H"

Xote

Antônio Barros

© Copyright 1974 by Editora Musical "RENASCENÇA" Ltda. - São Paulo - Rio de Janeiro - Brasil.
Todos os direitos autorais reservados para todos os países - All rights reserved.

61

TOM — Mi MENOR
Em   Si7   Em

Introdução: Am7 D7 G C7M F#m5- B7 Em Am D7 G C F#7 B7

Bis {
  Em
Nunca eu vi rastro de cobra
                    Em

                    Am
Nem couro de lobisomem
              F#m5-
Se correr o bicho pega
  B7   Em
Se pegar o bicho come
              Em
Porque eu sou é homem
             F#7
Porque eu sou é homem
             B7
Porque eu sou é homem
             Em
Porque eu sou é homem
  B7
(E como sou)
}

D7   G
Quando eu estava prá nascer
B7   Em
De vez em quando eu ouvia
B7   Em7
Eu ouvia mãe dizer
B7   Em
Ai! meu Deus como eu queria
Am   B7   Em
Que este cabra fosse homem
B7   Em
Cabra macho prá daná
Am   Am7   Em
Ai! mamãe aqui estou eu
                  F#m5-
Mamãe aqui estou eu
B7   Em
Sou homem com "H"
     B7
(E como sou)
D7   G
Eu sou homem com "H"
B7   Em
E com "H" sou muito homem
B7   Em7
Se você quer duvidar
B7   Em
Pode ver pelo meu nome
Am   B7   Em
Já tô quase namorando
B7   Em
Namorando prá casar
Am   Am7   Em
A Maria diz que eu sou
              F#m5-
Maria diz que eu sou
B7   Em
Sou homem com "H"
    B7
(E como sou)

Fita Amarela

Samba

Noel Rosa

© Copyright 1932 by EDITORIAL MANGIONE S.A. Sucessora de E. S. Mangione - Rua Coronel Batista da Luz, 26
São Paulo - Rio de Janeiro - Brasil.
Todos os direitos autorais reservados para todos os países - All rights reserved.

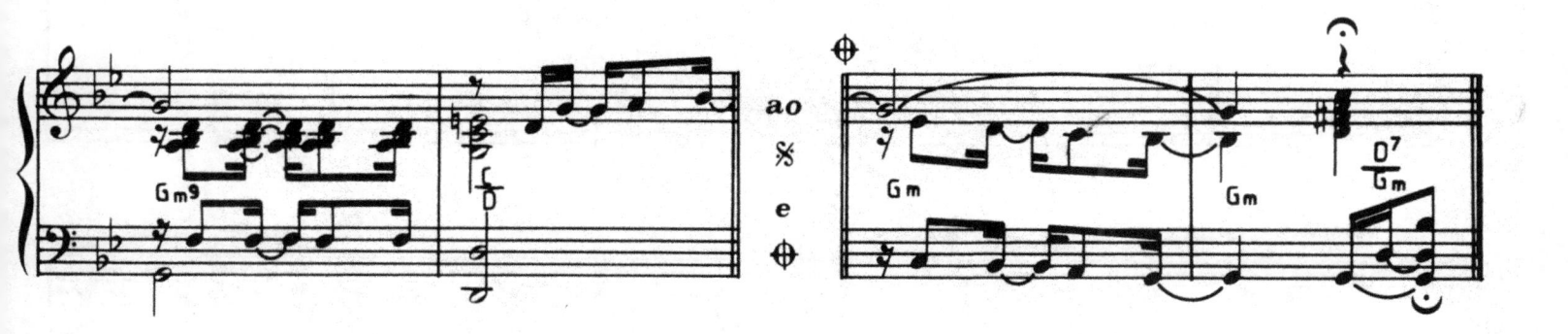

TOM — SOL MENOR
Gm   D7   Gm

Introdução: *Gm7   Am5-   D7   Gm7   Cm7   Em Gm7   Bb   Gm7   Eb7   D*
                                            D

Estribilho:

Bis {
    Gm   Gm7
    Quando eu morrer,
    D7
    Não quero choro nem vela,
    Am5-   D9-
    Quero uma fita   amarela
    Gm7
    Gravada com nome dela.

II

Gm
Se Existe alma
Gm7   Cm7
Se há outra encarnação
Bbm6   Am5-
Eu queria   que a mulata
D7   Gm9
Sapateasse no meu caixão.

III

Gm
Não quero flores
Gm7   Cm7
Nem coroa   com espinho
Bbm6   Am5-
Só quero choro   de flauta.
D7   Gm9
Violão e cavaquinho

IV

Gm
Estou contente,
Gm7   Cm7
Consolado por saber.
Bbm6   Am5-
Que as morenas tão formosas
D7   Gm9
A terra um dia vai comer.

V

Gm
Não tenho herdeiros
Gm7   Cm7
Não possuo um só vintém
Bbm6   Am5-
Eu vivi   devendo a todos
D7   Gm9
Mas não paguei nada a ninguém

VI

Gm
Meus inimigos
Gm7   Cm7
Que hoje falam mal de mim,
Bbm6   Am5-
Vão dizer   que nunca viram
D7   Gm9
Uma pessoa tão boa assim

Aos pés da cruz

Samba

Marino Pinto
e José Gonçalves

TOM — Sib MAIOR
Bb F7 Bb

Introdução: Gm7 C7 F7M Dm7 Cm7 F7 Bb Dm7 Cm7 F7

     Bb   *Dm7*
Aos pés da Santa Cruz
  Eb7   *Dm7 Cm7*
Você se ajoelhou.
     Bb   *Dm7*
E em nome de Jesus
          G7   *Cm7*
Um grande amor você jurou.
  Cm
   Bb   *Am5-*
Jurou mas não cumpriu,
  D9-   *Gm*
Fingiu e me enganou.
  Gm4   *C13*
Pra mim você mentiu,
 F7   *Cm7 F7*
Pra Deus você pecou.

  Cm7   *F13*
O coração tem razões
      Bb   *Bb7M*   *Bb°*
Que a própria razão desconhece
Cm7   *F7*
Faz promessas e juras
  Bb   *G9*
Depois esquece
  Cm7   *F7*
Seguindo esse princípio
 Bb7M   *G7*
Você também prometeu
 Gm7   *C7*   *Cm*
Chegou até a jurar um grande amor
F13   *Bb*
Mas depois esqueceu.

Para terminar:

                      13   13   13
F13   *Bb Ab7M Ab7 Bb7M*
Mas depois esqueceu

Bloco do Prazer

Frêvo

Moraes Moreira e
Fausto Nilo

© Copyright 1981 By Sempre Viva Edições Musicais Ltda.
© Copyright by Pão e Poesia Edições Musicais Ltda.
Todos os direitos autorais reservados - All rights reserved.

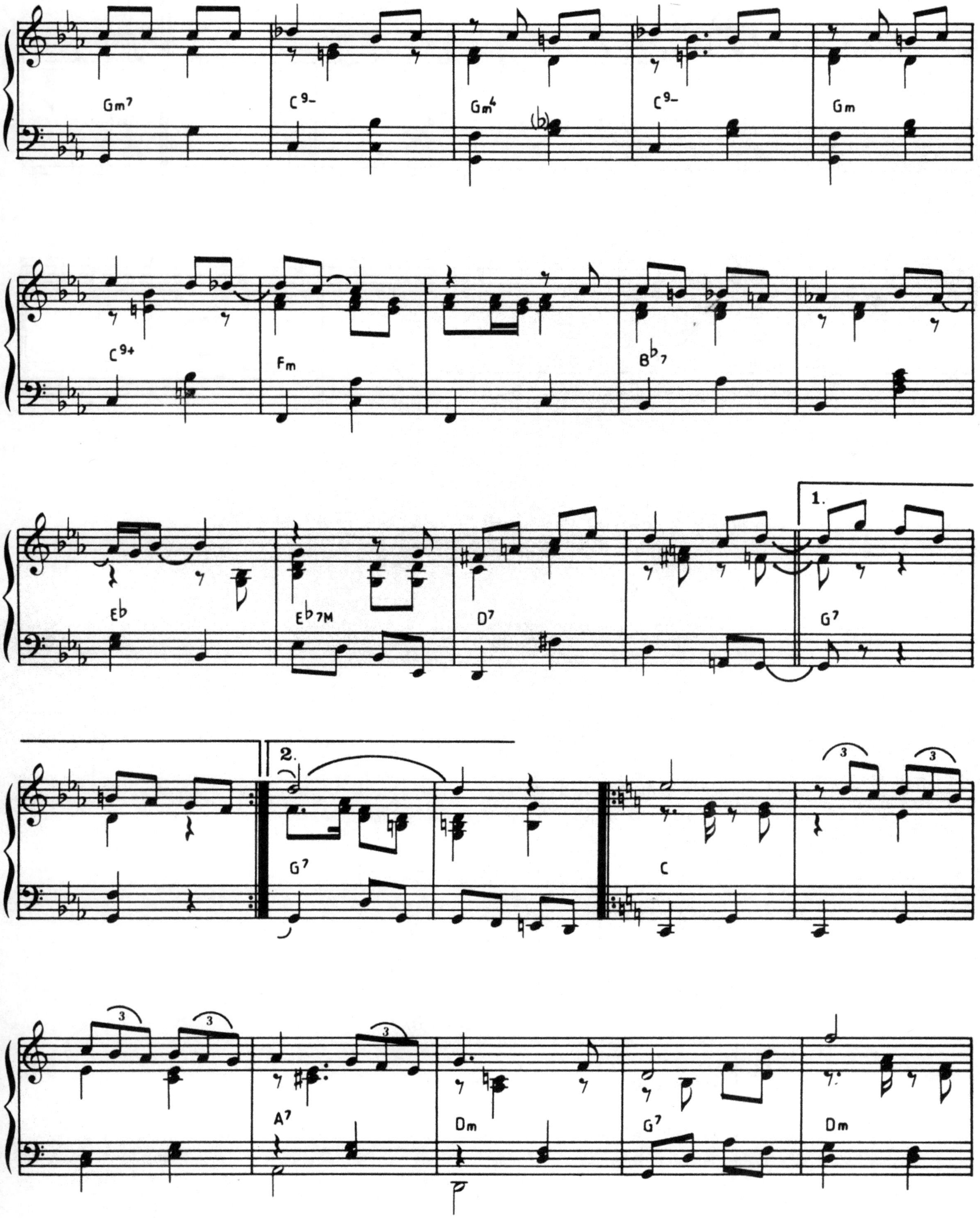
Gm7
C9-
Gm4
(♭)
C9-
Gm
C9+
Fm
B♭7
E♭
E♭7M
D7
1.
G7
2.
G7
C
3
3
3
3
3
A7
Dm
G7
Dm

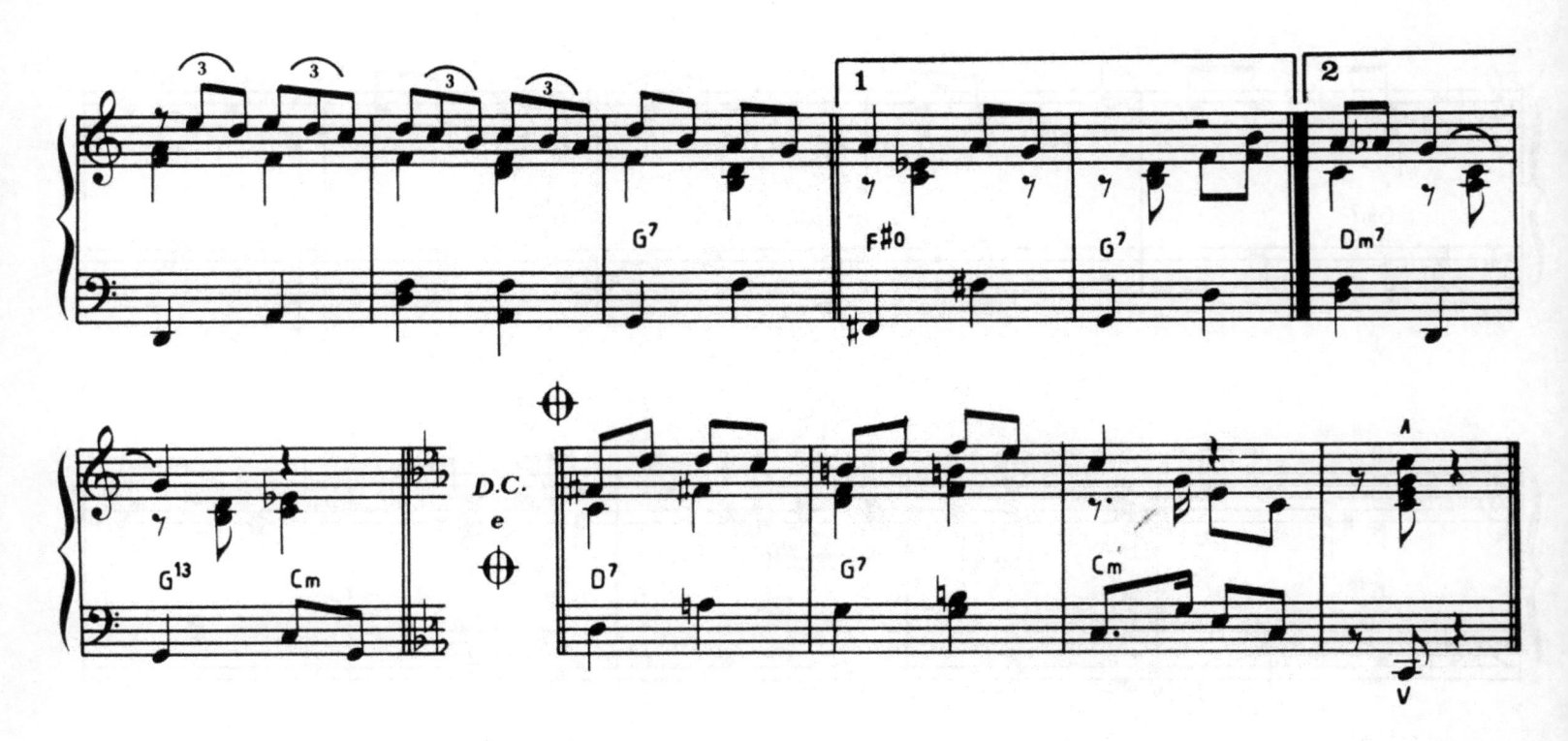

TOM — DÓ MENOR
Cm   G7   Cm

Introdução: Fm7 Cm7 Cm D7 G7 C7 Fm Fm6 Cm D7 G7 Cm Fm G7

```
                Cm              Ab7M
                Prá libertar meu coração
    G7          Dm5-      G7              G5+    Cm
                Eu quero muito mais    que o som da marcha lenta
                Gm7         C9-
                Eu quero um novo balancê
    Gm4         C9-         Gm         C9+    Fm
                E o Bloco do  Prazer    que a multidão comenta
                    Bb7         Eb
                Não quero oito nem oitenta
    Em7M        D7                    G7
                Eu quero o Bloco do Prazer
                E quem não vai querer?

                Cm              Ab7M
                Mamãe, mamãe eu quero sim
    G7          Dm5-      G7              G5+  Cm
                Quero ser mandarim    cheirando a gasolina
                Gm7         C9-
                Na fina flor do meu jardim
    Gm4         C9-         Gm         G9+    Fm
                Assim como  o carmim    da boca das meninas
                    Bb7         Eb
                Que a vida arrasa e contamina
    Eb7M        D7                    G7
                O gás que embala o balancê
```

Bis
```
        C
        Vem, meu amor feito louca

             A7              Dm    G7
        Que a vida tá pouca e eu quero muito mais.

        Dm7
        Mais que essa for que arrebenta

             G7
        A paixão violenta
          F#o       G7
        Oitenta carnavais
                          Dm   Dm7    G13  Cm
             2ª vez: oitenta carnavais.
```

Brasileirinho

Chôro

Valdir Azevedo

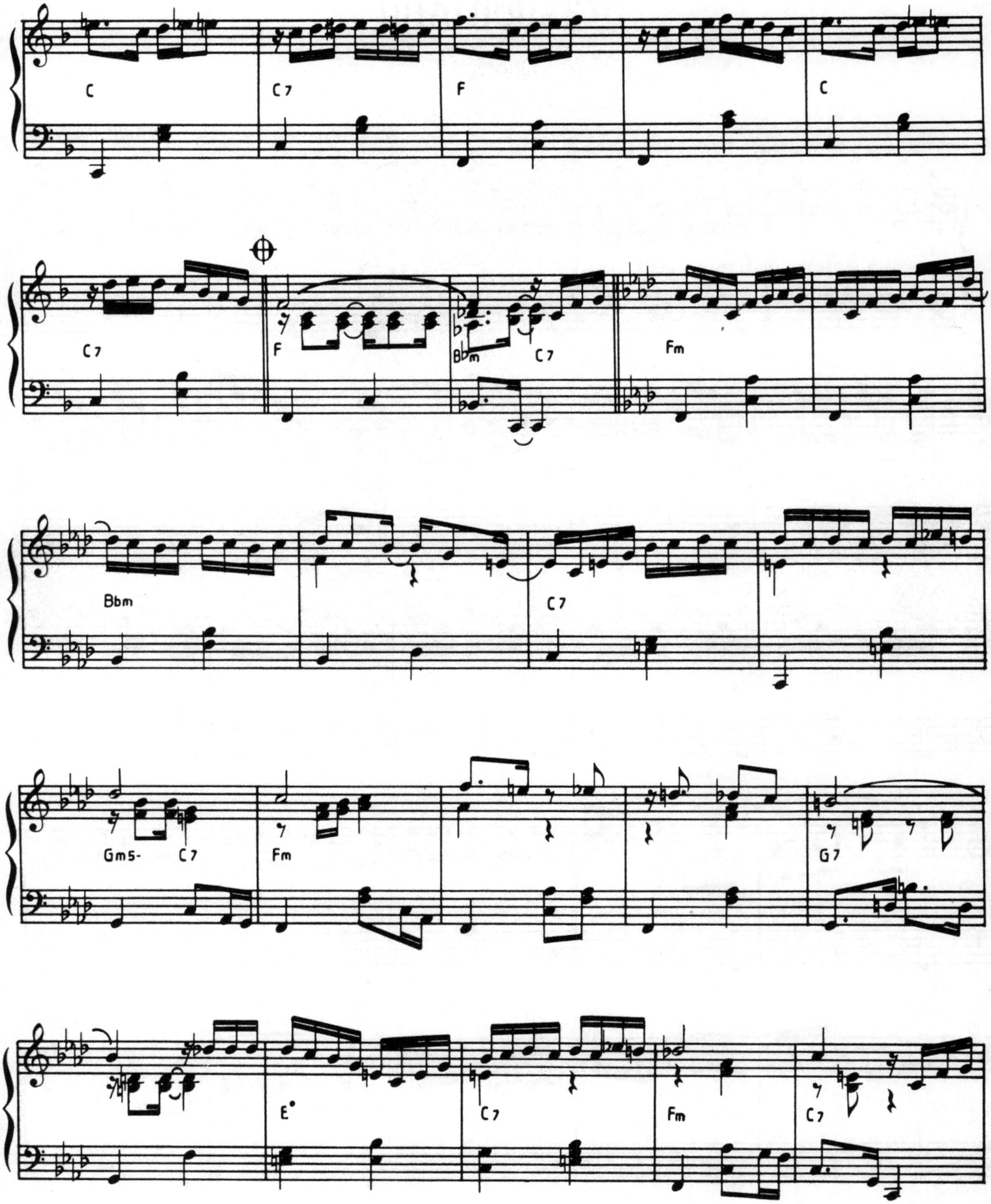
C
C7
F
C
C7
F
Bbm
C7
Fm
Bbm
C7
Gm5-
C7
Fm
G7
E°
C7
Fm
C7

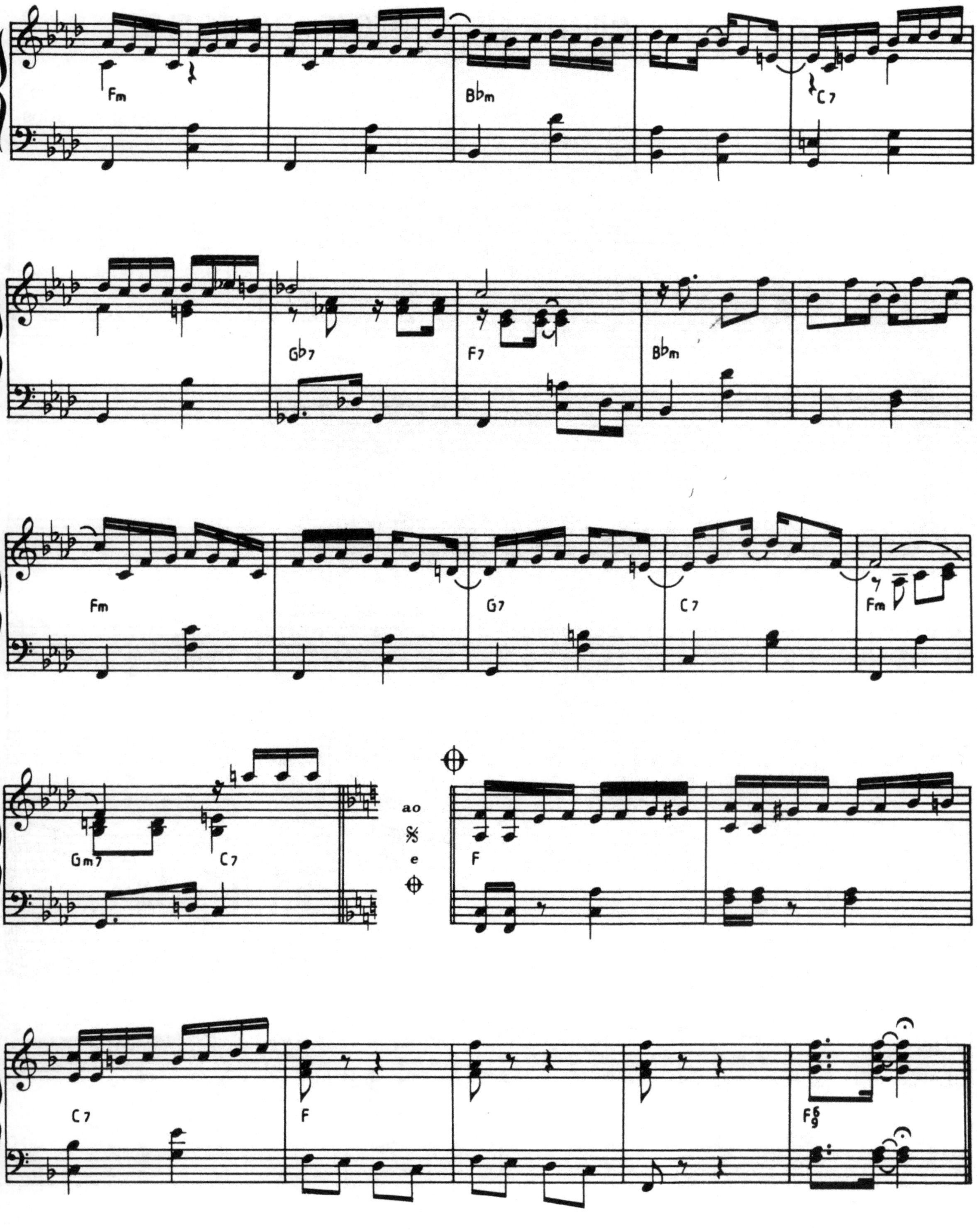
Fm
B♭m
C7
G♭7
F7
B♭m
Fm
G7
C7
Fm
Gm7
C7
ao
e
F
C7
F
F6/9

Quando as crianças sairem de férias

Roberto Carlos e
Erasmo Carlos

TOM — SOL MAIOR
G   D7   G

Introdução: G $\overset{C}{D}$ G D7

         G   G7M   G   G7M   G   G7M   G   G7M   Am   D7 Am
Quando eu chego em casa eu encontro   minha turma esperando sorrindo   e lá vou eu
D7   Am7   D7   Am7   D7   G   G7M $\overset{C}{D}$
De xerife ou de homem do espaço no seu mundo esquecer o cansaço e o tempo vai
         G   G7M   G   G7M   G   G7M   G   G7M   Am   D7 Am
Bem mais tarde o calor do seu beijo   me envolve em amor e desejo   mas o nosso amor
D7   Am7   D7   Am7   D7   G   G7M
Não vai longe, um deles lhe chama, ele quer companhia e reclama e você vai
     G7M   G7   C
E assim nosso tempo se passa, quando você retorna sem graça e eu me aborreço
G   Am   D7   Am   Am7   D7   G   C
Quando as crianças saírem de férias   talvez a gente possa então se amar um pouco mais D D7
         G   G7M   G   G7M   G   G7M   G 7M   Am   D7 Am7
Novamente o calor do seu beijo   nos envolve no mesmo desejo   mas o nosso amor
D7   Am7   D7   Am7   D7   G   G7M
Dura pouco, um outro agora põe a boca no mundo e chora e você vai
     G7M   G7   C
Outra vez volta sem graça e outra parte do tempo se passa e eu me aborreço
G   Am   D7   Am   Am7   D7   G
Quando as crianças saírem de férias   talvez a gente possa então se amar um pouco mais
         G   G7M   G   G7M   G   G7   G   Am   D7 Am
Novamente o calor dos seus braços   me acende e eu esqueço o cansaço de esperar
D7   Am7   D7   Am7   D7   G   G7M
A história é sempre assim, já um outro chamando por mim e lá vou eu
     G7M   G7   G
E assim outra noite se passa, quando eu volto e fico sem graça, você já dormiu
G   Am   D7   Am   Am7   D7   G   G
Quando as crianças saírem de férias   talvez a gente possa então se amar um pouco mais Cm7 B Am7 G7M
G   Am
Quando as crianças saírem, etc **(bis a vontade)**

A tua vida é um segredo

Samba

Lamartine Babo

TOM — DÓ MENOR
Cm   G7   Cm

Introdução: G7 Cm Fm Cm7 G7 Cm7 Ab ^{Fm} Fm Dm7 G7

Côro:

        Cm7
    A tua vida é...

G7   Cm
  É um segredo...

Fm   Cm
  É um romance e tem...

G7   Cm
  E tem... enredo!
    Bb7
  A tua vida é...
          Eb7M
  É um livro amarelado,
  D7   G7   Cm
  Lembranças do passado
Cm7 G7   C7
Folhas soltas da saudade...
    Fm
  A tua vida...
  Dm5-   Cm
  Romance igual ao meu...
  D7 G7   Cm7
  Igual a muitos outros
     G7   Cm
  Que o destino escreveu!...

    Bb7
  A tua vida
              Eb7M
Foi sonho... e foi ... ventura
  D7 G7   Cm
Foi lágrima caída...
Cm7 G7   C7
No caminho da amargura!
        Fm
São nossas vidas
  Dm5-   Cm
Romances sempre iguais
  D7 G7   Cm7
Três atos de mentira...
Cm7 G7   Cm
Cai o pano... e nada mais!

Arrastão

Letra e Música
de Edú Lobo e Vinicius de Morais

TOM — LÁ MENOR
Am   E7   Am

Introdução: Am7 D7 Am7 D7 Am7 D7 Am7 D7 Am7 D7 Am7 D7 Am7 D7 Am7 D7

Am7   D7
Eh, tem jangada no mar
Am7   D7
Eh, hoje tem arrastão
Bm7   E7
Eh, todo mundo pescar
                         C   C
Am7   D9   G7M D   G7M D
Chega de sombra João, j'ouviu
G7M   F
         G   G7M Dm7
Olha o arrastão entrando no mar sem fim
G7M   F
         G   G7M D
Eh, meu irmão me traz Iemanjá prá mim
C7   F
Bb   A
     Nhá Santa Bárbara
 D   G
 C   B
     Me abençôai
   Gm   F   Bb
   Bb   A   Ab Gm7C
Quero me casar com Janaína

Am7   D7
Eh, puxa bem devagar
Am7   D7
Eh, já vem vindo o arrastão
Bm7   E7
Eh, é a rainha do mar
Am7   D9   G7M
Vem, vem na rêde João para mim
G7M   F
         G   G7M
Valha-me meu Nosso Senhor do Bonfim
G7M   F
         G   G7M
Nunca jamais se viu tanto peixe assim
G7M   F
         G   G7M
Valha-me meu Nosso Senhor do Bonfim
G7M   F
         G   G7M
Nunca jamais se viu tanto peixe assim

Inquietação

Samba

Letra e Música
Ary Barroso

TOM — LÁ MENOR
Am   E7   Am

Introdução: *E9-*

Am7   Em7   Am7
Quem se deixou escravisar
  G7   F7M
E no abismo despencar
G7
De um amor qualquer
 Am7   Em7   Am7
Quem no acesso da paixão
   G7   F7M
Entregou o coração
G7
A   uma mulher
G13   G7   C7M
Não soube o mundo compreender
   Bm7 Dm
    E E   Am7
Nem a arte de viver
 F7   *E7*
Nem mesmo de leve poude perceber
Am   *G7*   *F7M*
Que o mundo é sonho, fantasia
   Em7   Dm
Desengano, alegria
  E7   *Am F7M Em7 A7*
Sofrimento, ironia.

Gm6   A7 Gm A5+
Nas azas brancas da ilusão
  Dm7   Ab7
Nossa imaginação
G7   *C7M*
Pelo espaço vae...
E13
 5+
 B
Vae...
Am
Vae...
Dm   G7 C7M
Sem desconfiar
 Am   *F7*
Que mais tarde cae
  E7   *Am F7M E7 Am*
Para nunca mais voltar

Tigresa

Caetano Veloso

81

Am
Em
G/B Am7 Em
Em
Am7
Em
C
Em
Am7 D7
G G7M
A7
Em
C7M
Em
Bm7
C7M
Am7
Em/G F#m
Em Bm7
Em
Am7
Em
C C7M
Em
Am D7
G G7M
A7
Em
C7M
Em

TOM — MI MENOR
Em   B7   Em

Introdução: Em F7M Em Bm4

    Em   Am7
Uma tigresa de unhas negras
    Em   C
E iris cor de mel
C7M   Em   Am7 D7
   Uma mulher de beleza
G7x9   A7
  Que me aconteceu
         Em
      Em   D   C7M
Esfregando a pele de ouro marron
       Em   Bm9
Do seu corpo contra o meu
    C7M   D   Em C7M
Me falou que o mal é bom
     Em
E o bem cruel
C7M   Am7   Em   C   C7M
   Enquanto os pelos dessa deusa
Em
Tremem ao vento ateu
          7
Am   D A   G7M
Ela me conta sem certeza
      A A7
Tudo que viveu
     Em   C
Que gostava de política
    Em Bm
Em 1 9 6 6
               C   Am7 Em Em9
E hoje dança no Frenetic Dancing Days
Em7   Em   Am9
   Ela me conta que era atriz
    Em   C
E trabalhou no hair
         Em   Am7 D
Com alguns homens foi feliz
              4
  G7M   Asusp A7
Com outros foi mulher

    Em   C
Que tem muito ódio no coração
    Em   Bm
Que tem dado muito amor
                              G
  C7M   Am Em   Bb Am7 Em
Espalhando muito prazer e muita dor
  Em   Am7
Mas ela ao mesmo tempo diz
  Em   C
Que tudo vai mudar
  Em   Am7
Pois ela vai ser o que quiz
    G   G7M A7
Inventando um lugar
    Em   C7M
Onde a gente e a natureza, feliz
  Em   Bm7
Vivam sempre em comunhão
    C7M   Am7   Em F m Bm7
E a tigresa possa mais que o leão
   Em   Am7
As garras da felinas
    Em   C
Me marcaram o coração
       Em   Am7
C7M Mas as besteiras da menina
     G   G7M   A7
D7 Que ela   disse não
     Em   C7M
E eu corri pro violão num lamento
  Em   Bm
E amanhã nasceu azul
    C   Bm   Em Bm4
Como é bom poder tocar um instrumento

(Para terminar F Em)

A jangada voltou só

Canção Praieira

Letra e Música
de Dorival Caymmi

TOM — SI MENOR
Bm   F#7   Bm

Introdução: Bm7 Cm7 Em11 Bm

      Bm7
A jangada saiu
  Em   F#5+
Com Chico Ferreira 9-

E o Bento...
  G   Bm7 Em Bm7
A jangada voltou só,

    Bm7   Bm7
Com certeza foi,
  Em   F#5+
Lá fora, algum pé de vento... 9-
  G   Bm7
A jangada voltou só,

  Em7   Bm
Bis { Chico era o «boi» do rancho
      Em7   F#7 Bm7 Em Bm7
      Nas festas de Natá

     Em7   A7   D7M
Bis { Não se ensaiava o rancho
     G   Em   F#7   Bm
     Sem com Chico se «contá»

  F#m5-   B9-   Em
Agora que não tem Chico
  A7   D7M D6/9
Que graça é que pode «tê»
  G   G7   F#7
Se Chico foi na jangada
         Em7 C7M Bm Bm7 Dm9 Bm7
... E a jangada voltou só

      Bm7
A jangada saiu...etc
     Em7   Bm
     Bento cantando modas
Bis { Em7   F#7   Bm7
     Muita figura fez
     Em7   A7   D7M
Bis { Bento tinha bom peito
     G   Em   F#7   Bm7
     E prá cantá não tinha vez

  F#m5-   B7   Em
A moça de Jaguaribe
  A7   D7M D6/9
Chorava de fazê Dó
  G   G7   F#7
Seu Bento foi na jangada
         Em7 C7M Bm Bm7 Dm9 Em9 F#m7 Bm7
... E a jangada voltou só
  Bm7   Bm7   Bm7
A jangada voltou só...etc

Suas Mãos

Samba-Canção

Pernambuco
e Antonio Maria

TOM — DÓ MAIOR
C   G7   C

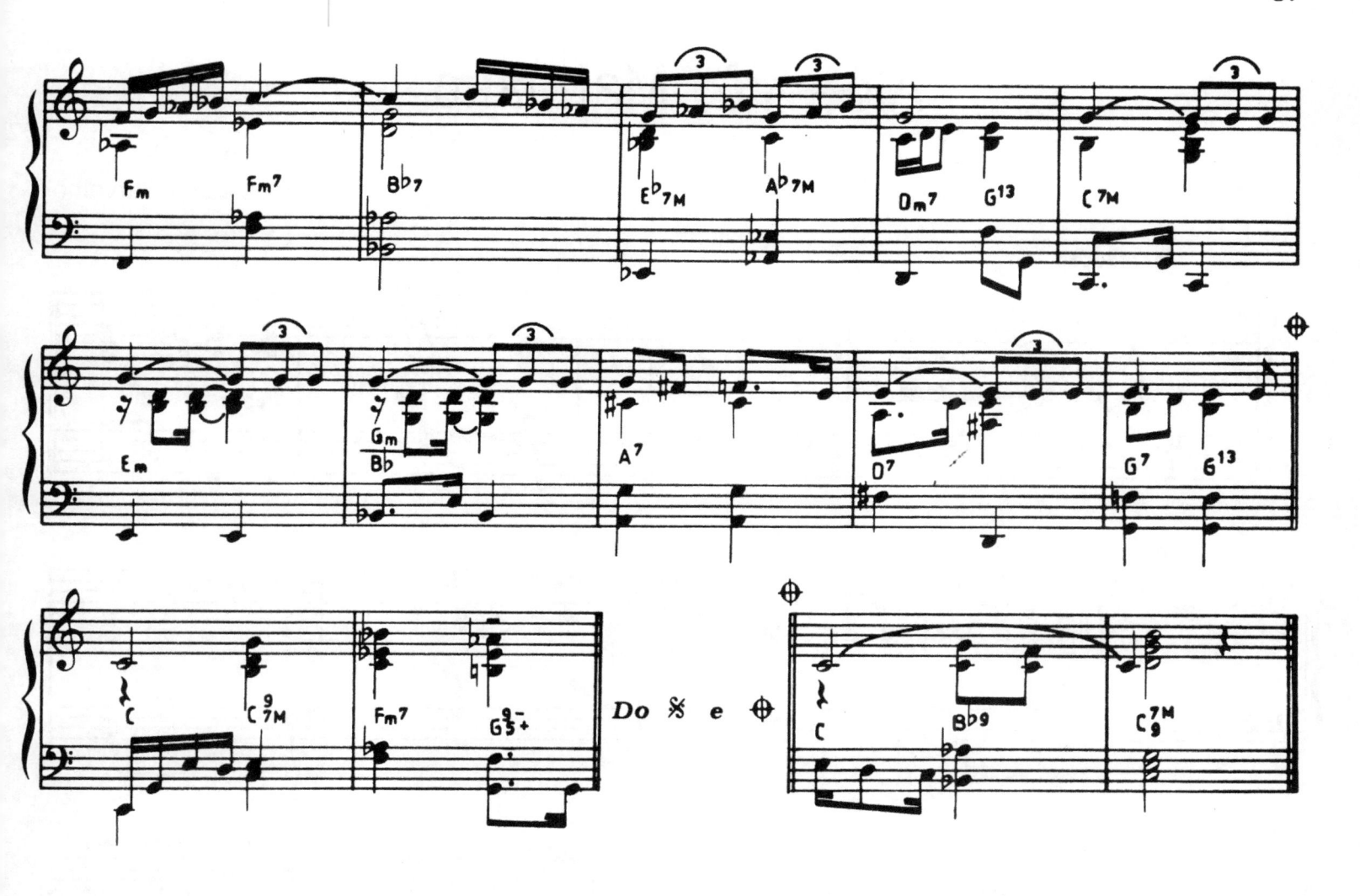

Introdução: Fm Bb7 Eb5+   G13 C7M G13

    C7M   Em7
As suas mãos
        Gm
        Bb
Onde estão?
            D7
    A7   A
Onde está o seu carinho?
              Ab
    G7 C Bb Eb7M Db7M
Onde está você?
            Gm
C7M   Em7   Bb
Se eu pudesse buscar
            D7
   A7   A
Se eu soubesse onde está
   G13
Seu amor,
   C C7M Gm7
Você.
C7   Fm   Fm7
Um dia há de chegar
Bb7   C Gm7
Quando ainda não sei.

C7   Fm   F7   Bb7
Você vai procurar
        Eb7M
Onde eu estiver
    Ab7M
Sem amor
    Dm9 G13
Sem você.
C7M   Em7
As suas mãos
    Gm
    Bb
Onde estão?
   A7   D7
Onde está o seu carinho?
          C7M Fm7
   G7 C   9   C G9-5+
Onde está você?

(Para terminar:)
   G7 C   Bb9   C7M
Onde está você?   9

Alô, Alô, Marciano

Rita Lee
e Roberto de Carvalho

TOM — MI MENOR
Em   B7   Em

Introdução: Em7   C7M   F#m7   Em7   Em9   F#m9   B11+

Em7   A7   Bm7
    Alô, alô, marciano
        Em7   A7   F#m7 Bm7
    Aqui quem fala é da terra
        Em7   A7   Bm7
    Prá variar estamos em guerra
        Em   A7   F#m7
    Você não imagina a loucura
        B7   C7   F#m7   Bm7
    O ser humano tá na maior fissura
    Em7   A9 Bb7
    Porque tá cada vez mais,

Refrão

              D7
Am7   A   G7M   C7
Down down down the righ society
F#m7   Bm7   Em7   A7
Down down down the righ society
C7M   Bm7   E7
Down down down the righ society
Am   B9-
Down down down

        Em7   A7   Bm7
    Alô, alô, marciano
        Em7   A7   F#m7 Bm7
    A crise tá virando zona
    Em   A7
    Cada um por si
    Bm7
    Todo mundo na lona
        Em7 A7   F#m7 Bm7
    E lá se foi a mordomia
        B7   C7   Bm7
    Tem muito rei aí pedindo alforria
    Em7   A7 Bb7
    Porque está cada vez mais

Refrão

        A7   Bm7
    Alô, alô, marciano
        Am7 A7   F#m7 Bm7
    A coisa tá ficando russa
    Em   A7
    Muita patrulha
    Bm7
    Muita bagunça
    Em7   A7   F#m   B7
    O muro começar a "pichar"
        B7   C7
    Tem sempre uma
                F#m7   Bm7
    E a palavra, a fala-la
    Em7 A7   Bb7
    Está cada vez mais

Camisa Listada

Samba-Chôro

Assis Valente

91

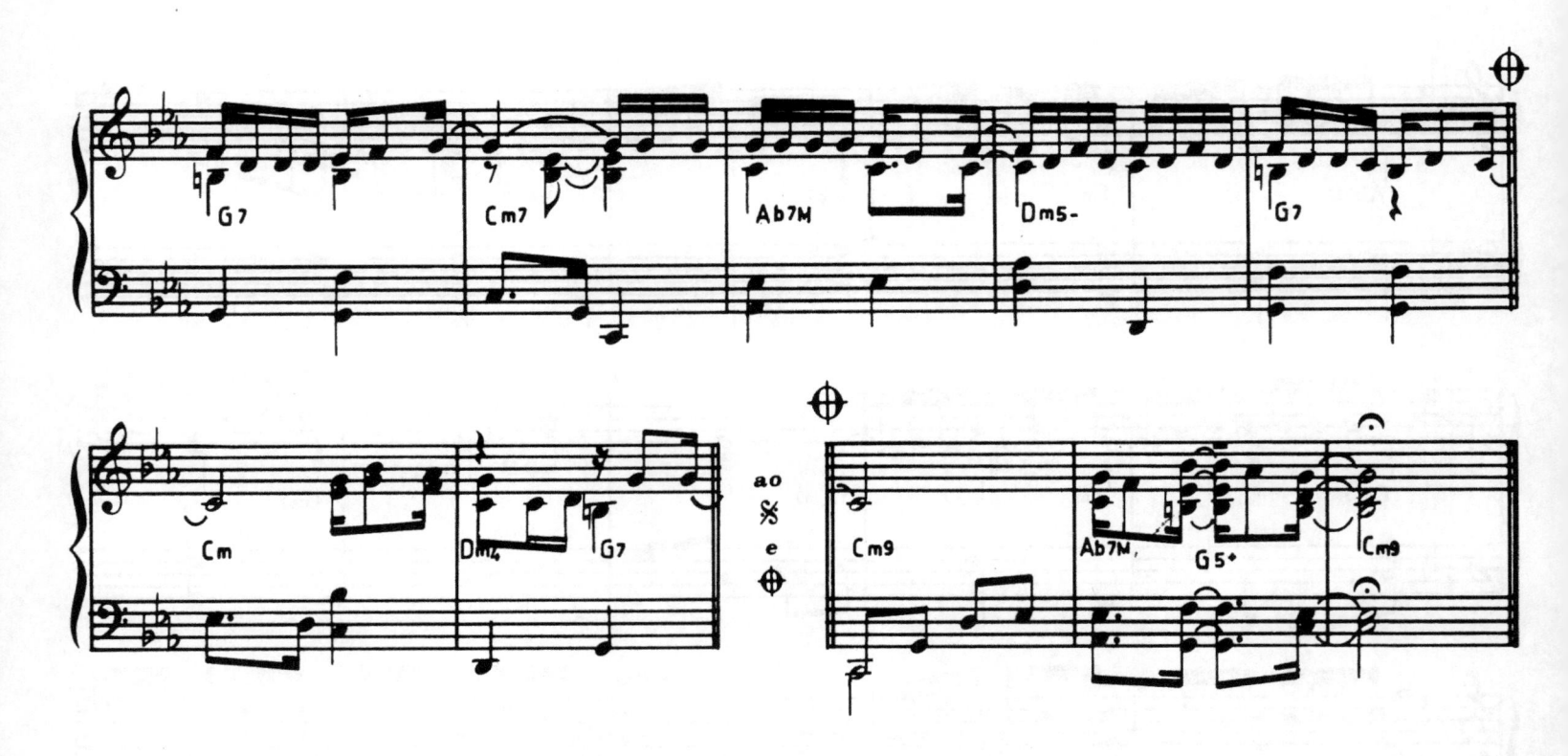

TOM — DÓ MENOR
Cm   G7   Cm

Introdução: Fm7 Cm7 D7 G7 C7 Fm Cm7 D7 G7 Cm7

Côro:

   Cm7   G5+
Vestiu uma camisa listada
  G7 Cm Cm9
E saiu por aí
Cm7 Gm7   C9-
Em vez de tomar chá com torrada
       Fm
  C7 Fm Eb
Ele bebeu parati
       Fm
 Dm5-   Ab
Levava um canivete no cinto
   Dm5- Cm
E um pandeiro na mão
  Ab7M   Fm
E sorria quando o povo dizia
  Ab7 G7
Sossega Leão, sossega Leão,
 Cm   Fm
Tirou o seu anel de doutor
    G7 Cm7
Para não dar que falar
  Gm7   C7
E saiu dizendo eu quero mamar
      Gm7
Mamãe eu quero mamar
  C7 Fm
Mamãe eu quero mamar
  Dm5-   G7
Levava um canivete no cinto
      Cm
E um pandeiro na mão
 Ab7M   D7
E sorria quando o povo dizia
    G7 Cm
Sossega Leão, sossega Leão,

 Dm5-   G7   G5+ Cm
Levou meu saco de água quente pra fazer chupeta
  Gm7   C7   Fm
Rompeu minha cortina de veludo pra fazer uma saia
 Dm5-
Abriu o guarda roupa
   G7   Cm7
E arrancou minha combinação
  Ab7M Dm5-
E até do cabo de vassoura
     G7
Ele fez um estandarte
    Cm Dm4 G7
Para o seu cordão.
 Dm5-   G7 G7 G5+Cm
Agora que a batucada vai começando
 Gm7
Não deixo e não consinto
   C7   Fm
O meu querido debochar de mim
 Dm5-   G7
Porque se ele pega as minhas coisas
    Cm7
Vai dar o que falar
  Ab7M   Dm5-
Se fantasia de Antonieta
        G7
E vai dançar na Bola Preta
   Cm9 Ab7m G5+ Cm9
Até o sol raiar.

Você em minha vida

Roberto Carlos
e Erasmo Carlos

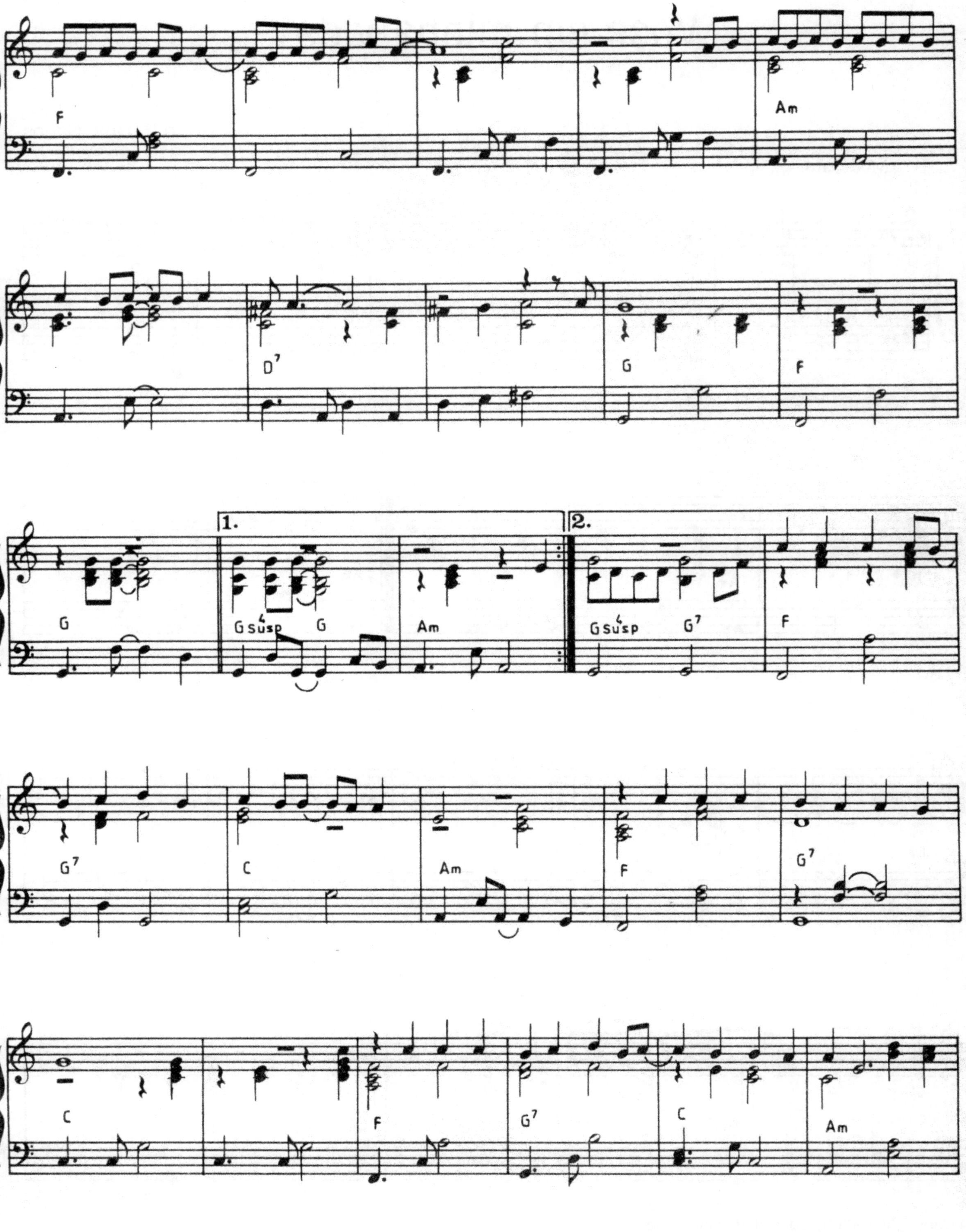
F
Am
D7
G
F
G
1.
Gsusp 4
G
Am
2.
Gsusp 4
G7
F
G7
C
Am
F
G7
C
F
G7
C
Am

TOM — LÁ MENOR
Am E7 Am

Introdução: F G7 C Am Dm7 Bm7 E7 Am

```
     Am                      Em  E7
Você foi a melhor coisa que eu tive
     Am                      Em
Mas o pior também em minha vida
     Gm7
Você foi o amanhecer cheio de luz
         C7    Gm7
    E de calor
C7        F
    Em compensação o anoitecer
    A tempestade, a dor

        Am
Você foi o meu sorriso de chegada
        D7       G      F G Gsusp⁴ Am
E a minha lágrima de adeus
Am                       Em   E7
Aquele grande amor que nós tivemos
Am                  Em
E todas as loucuras fizemos
        Gm7
Foi o sonho bonito
                     C7  Gm7
Que um dia alguém sonhou
C7
    E a realidade triste quando tudo se acabou

        Am
Você foi o meu sorriso de chegada
        D7       G      F G Gsusp⁴ G7
Tudo e nada e adeus
```

```
F           G7            C
Você me mostrou o amanhecer
               Am
De um lindo dia
         G7          C
Me fez feliz, me fez viver
F           G7       C         Am
Num mundo cheio de amor, e de alegria
F       G7        Am
E me deixou no anoitecer
    Am                       Am  E7
E agora todas as coisas do passado
    Am                        Em
Não passam de recordações presentes
        Gm7
De momentos que por muito tempo
            C7  Gm7
Ainda vão estar
C7          F
Na alegria ou na tristeza
Toda vez que eu me lembrar

         Am
Que você foi meu sorriso de chegada
        D7       G      F G Gsusp⁴ G Am
E a minha lágrima de adeus
F           G7            C
Você me mostrou o amanhecer
               Am F
De um lindo dia
         G7          V
Me fez feliz, me fez viver
F           G7       C         Am
Num mundo cheio de amor, e de alegria
F       G7        Am  Dm Am
E me deixou no anoitecer
```

Emília

Samba

Wilson Baptista
e Haroldo Lobo

TOM — SOL MAIOR
G   D7   G

Introdução: C F7 Bm7 E9- Am Am7 D7 G

```
         C                        C
     D         G7M    Em7    D          G7M
     Quero uma mulher  que saiba lavar e cosinhar
     Am7    D7      G7M    Em7    E7       Am7
     Que de    manhã cedo  me acorde na hora de trabalhar
     C7        F#m5-
     Só existe uma
Bis      B7         Em7
     E sem ela eu não vivo em paz
      Am7
     Emília, Emília, Emília,
       D7
     Eu não posso mais
```

```
     Am          D7      Am7 D7  D7        C7M
     Ninguém sabe igual a ela  preparar o café
      F#m5-           B7        E7
     Não desfazendo nas outras Emília é mulher
       C6
        9              F7    Bm7  Em7        E7
     Papai do céu é quem sabe a falta que ela me faz
      Am     Am7     C
                     D
     Emília, Emília, Emília,
                         Eb
       D7         G    F    G9 7M
     Eu não posso mais.
```

Esse cara

Caetano Veloso

TOM — RÉ MAIOR
D   A7   D

Introdução: $\begin{matrix} G & Em7 & F\# & Em9 & A9 \\ A & A & D & & 11+ \end{matrix}$

Bis
$\begin{cases}
\text{D \quad D7M \qquad\qquad F\#7} \\
\text{Ah! que esse cara tem} \\
\text{\qquad\qquad Bm7} \\
\text{Me consumido} \\
\text{Am7 \qquad\quad D7 \qquad\quad Bm7\ G7M} \\
\text{A mim e a tudo o que eu quis} \\
\text{Cm \qquad\qquad Eb \qquad Bb7M} \\
\text{Com seus olhinhos infantis} \\
\text{E7 \qquad\qquad\qquad\qquad\quad Em9\ A9} \\
\text{Como os olhos de um bandido}
\end{cases}$

Am7   D7
Ele está na minha vida
      G7M
Porque quer
     Gm7   C7   F7M
Eu estou pra o que der e vier
A7   F#m5- B7   Em7
Que chega ao anoitecer
C7   Eb7M
Quando vem a madrugada
  Dm9
Ele some
G13   C7M Cm7
Ele é quem quer
F7   Bb
Ele é o homem
Em7   A13   D   D⁶₉ D
Eu sou apenas uma mulher

Falsa Baiana

Samba

Geraldo Pereira

TOM — FÁ MAIOR
F   C7   F

Introdução: Bb7M Bbm⁶ Am9 D7⁹ Bb7M Gm C^Bb C9-

I

      F7M   Eb11+
Baiana que entra na roda
            Gm
D7   Bb
Só fica parada
  Gm7   G7
Não canta, não samba,
  G9   Gm9
Não bole, nem nada
  Gm7   C7
Não sabe deixar
        F7M   Cm7
A mocidade louca...
  F13   Bb7M
Baiana é aquela
       Gm
        C
Que entra no samba
  C7   Eb9
De qualquer maneira
     D7
Que mexe, remexe,
  D9-   G7
Dá nó   nas cadeiras
  C9-
E deixa a moçada
     F
Com água na boca...

II

Bm5- A°   Gm
A falsa baiana
          Bb
  Db7   C
Quando cai no samba
        F
  C9   A
Ninguém se incomoda
      Am7
Ninguém bate palma
  A°   Gm
Ninguém abre a roda
      C7
Ninguém grita "ôba!
     F   F7
Salve a Bahia, Sinhô!"
F7   Bb7M
Mas a gente gosta
     Bbm6
Quando uma baiana
    F
  A
Quebra direitinho
     D7
Bb7M   A
De cima em baixo
  D9-   Gm7
Revira os olhinhos
     C7
E diz: "Eu sou filha
  C9   F
De São Salvador!"

O show já terminou

Roberto Carlos e
Erasmo Carlos

© Copyright 1973 by Editora Mundo Musical Ltda.
Todos os direitos autorais reservados · All rights reserved.

TOM — SOL MENOR
Gm   D7   Gm

Introdução: *Cm7   D7   Gm*

          Cm
  O show já terminou
      F7
  Vamos voltar à realidade
Bb
  Não precisamos mais
Eb
  Usar aquela maquiagem
Cm
  Que escondeu de nós
D7   *Gm*
  Uma verdade que insistimos em não ver.
        Cm
  Não adianta mais
    F7
  Chorar o amor que já tivemos!
           Bb
  Existe em nosso olhar
    Eb   *Cm*
  Alguma coisa que não vemos, e nas palavras
    D7   *Gm*   *G7*
  Existe sempre alguma coisa sem dizer
Cm   *D7*
  E é bem melhor que seja assim.

            Gm
Você sabe tanto quanto eu:
      Cm   *F7*   *Bb*   *Gm*
No nosso caso, felicidade começa num adeus.
         Cm
Me abrace sem chorar,
      F7
Sem lenço branco na partida.
       Bb
Eu também vou tentar.
     Eb
Sorrir em nossa despedida.
     Cm
Não fale agora,
      D7   *Gm*   *Cm Gm*
Não há mais nada, o nosso show já terminou..

Xica da Silva

Samba

Jorge Ben

Em7 4/B
Am7
F/A
Am
Em7
Em9
Am
Em7 4/B
Am
Em7 4/B
Am
Am7
Em7 4/B
Am
Am7
Em4/B
Am
Am7 4
Em7 4/B
Am7
Em7 4/B
Am7
Em7 4/B
Am7
Em7 4/B
Am
Em7 4/B
Am
Em7 4/B
Am
Dm7/A
Am
Em7
Am

Em4 7 / B
Am
Em7 4 / B
Am
Em7 4 / B
Am
Em7 4 / B
Am7 4
Em7 4 / B
Am7
Em7 4 / B
Am
Am7
Em7 4 / B
Am7
Em7 4 / B
Am
Am
Em7 / B
Am
Am7
Em7 / B
Am
Em7 4 / B
Am
Em7 4 / B
Am
Dm / A
Rep. ad. lib.
Am
Am7
Em7

TOM — LÁ MENOR
Am　E7　Am

Introdução: Am　Am7　Am　Am7

Bis {
　　　　　Am　　　　　Dm
　　　　　　　　　　　　A
　　　　Xica da Xica da Xica da
　　　　　　Am
　　　　Xica da Silva
　　　　Em7
　　　　A negra

　　　　　Em7　　　　　Em74
Am7　　　B　　Am　　　B
　　　Xica da Silva　a　negra a negra
Am　　　　　Em74
　　　　　　　B　　Am7　Em7
　　　De escrava amante mulher　mulher
Am　　　　　Em7　Am7　　　　　Em7
　　　Do fidalgo tratador　João　Fernandes　　B
　　　　　　　　　　　　　　　　　　　ai ai ai

Bis {
　　　　　Am　　　　　Dm
　　　　　　　　　　　　A
　　　　Xica da Xica da Xica da
　　　　　　Am
　　　　Xica da Silva
　　　　Em7
　　　　A negra

Am　　　　　Em74
　　　　　　　B
　　　A imperatriz do Tijuco
Am　　　　　Em74
　　　　　　　B
　　　A dona de Diamantina

　　　　　　　　　　　　　　　　　Em74
　　Am　　Am7　Em7　Am　Am7　B
　　Morava com　a　sua corte cercada de belas mucamas
　　　　　　Am　Am7　Em74
　　　　　　　　　　　B
　　Num castelo na chácara da Palha

Am　　　　　　　　　Em74
　　　　　　　　　　B
De　arquitetura sólida e requintada
Am7　　　　　　　　Em74
　　　　　　　　　　B
Onde　tinha até um lago artificial
Am7　　　　　Em74
　　　　　　　B
E uma　luxuosa galera
　　　　　　　　　　　　　　Em74
　　　　Am　　　　　　　　B
Que o seu amor　João Fernandes o tratador
　　　　　　　　　Em74
　　　Am7　　　　B
Mandou fazer　só para ela　ai ai ai

Bis {
　　　　　Am　　　　　Dm
　　　　　　　　　　　　A
　　　　Xica da Xica da Xica da
　　　　　　Am
　　　　Xica da Silva
　　　　Em7
　　　　A negra

Am　　　　　Em7
　　　　　　　
Muito rica e invejada
Am　　　　　Em7
Temida e odiada
　　　　　　　　　Em74
Am7　　　　B　　Am　　　Em7
Pois com suas perucas　cada uma de uma cor
　　　　　　Em74
Am　Am7　B
Jóias roupas exóticas
　　　　　　　　Em74
Am　　　　　B
Das Índias Lisboa e Paris
　　　　　　　　　Em74
Am　　　Am7　B　　Am7
A negra era　obrigada　a ser　recebida
　　　　　　Em74
　　　　　　B
Como uma grande Senhora
　　　　　Em74
Am　　B　　Am
Da côrte　do　Rei Luiz
　　　　　Em74
Am　　B　　Am
Da côrte　do　Rei Luiz

Bis {
　　　　　Am　　　　　Dm
　　　　　　　　　　　　A
　　　　Xica da Xica da Xica da
　　　　　　Am
　　　　Xica da Silva
　　　　Em7
　　　　A negra

Ouça

Samba-Canção

Letra e Música
de Maysa Matarazzo

TOM — RÉ MAIOR
D A7 D

Introdução: F#m5- B7 B9- Em Em7 Gm7 C7 D7M Bm7 E13 A7 D Em A7

```
     D          Bm7      Em              A7
     Ouça, vá viver a sua vida com outro bem
     D7M  G7M        F#m7 Bm7      Em7         G13
     Hoje    eu já cansei    de prá você não ser ninguém
A7     F#m7           F°              Em7
     O passado não foi o bastante para lhe convencer
     B7      Em      Bb7          G
                                  A
     Que o futuro seria bem grande, só eu e você
A13  D   G7M      F#m7 Bm7 Em7           A7
     Quando  a lembrança       com você for morar
     D7M  G7M       F#m7 Bm7    Em7       A7
     E    bem baixinho    de saudade você chorar
         F#m5-    B5+
     Vai lembrar que um dia existiu
     B7    Em7                Gm7
     Um alguém que só carinho pediu
     C7    F#13     B7       E13
     E você fez questão de não dar
              A7    D  A  A13
                       G
     Fez questão de negar
                            D Em Eb D7M
     2ª vez, para terminar: negar
```

Pensando em ti

Samba-Canção

Herivelto Martins
e David Nasser

TOM — SOL MAIOR
G   D7   G

Introdução: C7M   Am7   F7   Bm7   E7   Am   D7   G   Am7   D7

   D7   G   Bm7
Eu amanheço pensanto em ti,
E7   Am   Am7
Eu anoiteço pensando em ti,
             D7
Eu não te esqueço,
   C9   Bm7   Am7
É dia e noite pensando em ti.
G7M   Dm7   Bm5-   E7   Am
Eu vejo a vida pela luz dos olhos teus,
F7   G   Em7   Am7   D7   G
Me deixa, ao menos,   por favor, pensar em Deus

G7M   E9-   Am7
Nos cigarros que eu fumo
   D7   Bm7   Am7
Se vejo nas espirais;
   G   Em   Am7
Nos livros que eu   tento ler
               5+
   D7   D9   G7M
Em cada frase tu estás;
Dm
F   E7
Nas orações que eu faço
               Am7
Eu encontro os olhos teus,
F9   G   Em   Am7   D7   G
Me deixa, aos menos,   por favor, pensar em Deus!

Risque

Samba

Ary Barroso

TOM — RÉ MENOR
Dm   A7   Dm

Introdução: Gm7 C7 F7M Dm7 Gm A7 Dm A5+

       Dm
       Risque
GM   C7   F
       Meu nome do teu caderno
A7   A5+   Dm7 Bb7M
       Pois não suporto o inferno
                                  9-
Em5-   A7   Dm7 E9- A5+
       Do nosso amor fracassado.
       Dm
       Deixe
Gm   C7   F
       Que eu siga novos caminhos
A7   A5+   Dm Bb7M
       Em busca de outros carinhos
Em5-   A7   Dm Gm Dm7
       Matemos nosso pas s a do.

      Am7   D7   Am7
      Mas se algum dia talvez
         D7   Am7 D7
      A saudade apertar
      Gm   D9-
      Não se perturbe
       Gm7   C7   F   Bb7M   A7
      Afogue a saudade nos copos   de um bar
      Dm
      Creia
Gm7   C7   F
      Toda a quimera se esfuma
A7   A5+   Dm Bb7M
      Como a brancura da espuma
Em5+   A7   Dm Bb7M Gm7 Dm
      Que se desmancha na areia.

Prá você

Sylvio Cesar

TOM — FÁ MAIOR
F   C7   F

Introdução: Bb7M   Eb7M   C9-$^{5+}$ F7M^{9} F7M   Dm   C13   F7M

```
                           Bbm
                 Bbm7  Ab
       Prá você eu guardei
Gm5-       C9-
       Um amor infinito
F7M              Cm7 F7  Bb9        Bb7M       Em9 A9-$^{5-}$
       Prá você procurei         o lugar   mais bonito
              A9-  F
Dm7           C     C                     Bm5-
       Prá você eu sonhei    o meu sonho de paz
Bb7M                  Am7 D7    Gm    C9-   F7M
       Prá você eu guardei    demais, demais
```

```
                                  Bbm
                        Bbm7 Ab   Gm5-              C9-
       Se você não voltar              o que faço da vida
F7M              Cm7  F7  Bb9$^{6}$     Bb7M      Em9 A9-$^{5-}$
       Não sei mais procurar          a alegria   perdida
                          A9-   F
Dm                        C     C                  Bbm5-
       Eu nem sei bem porque    terminou tudo assim
Bb7M                Gm7  C7           F   Bbm6  F$_9^6$7M
       Ah! seu eu fosse você    voltaria prá mim.
```

Ave Maria no Morro

Samba-Canção

Herivelto Martins

117

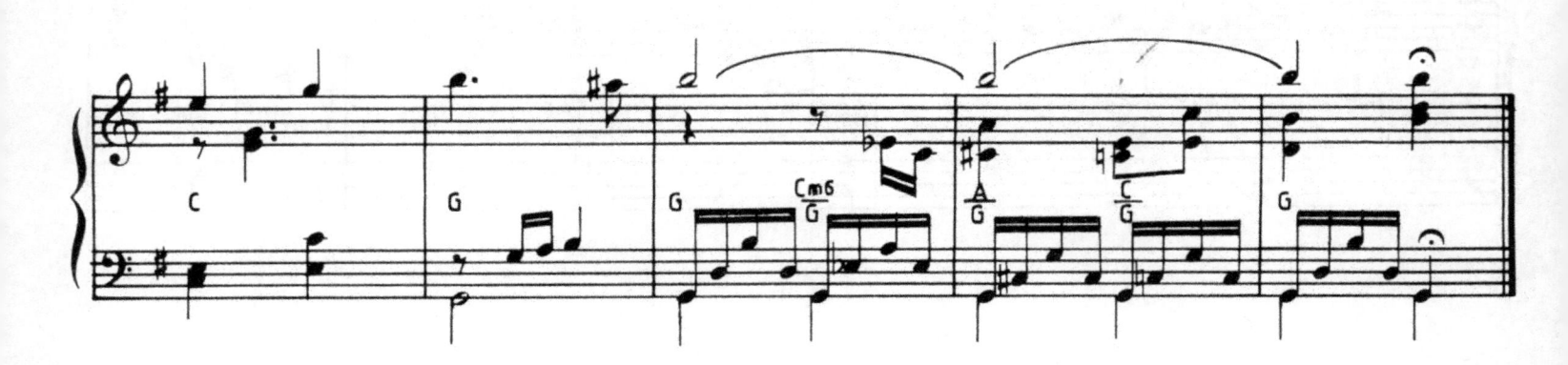

TOM — SOL MAIOR
G   D7   G

Introdução: G $\overset{C}{G}$ $\overset{D\ G}{G}$

       G7M   Dm9
Barracão de zinco
  G7   C7M
Sem telhado
     Cm7
Sem pintura,
    Bm7
Lá no morro
Bb7   Am7   D7   G
Barracão é "Bungalow"!
     Dm7 G7 Dm7 G7   C7M
Lá não existe felicidade de arranha-céu,
     Cm7   Bm7
Pois quem mora lá no morro
Em7 Am7 D7   G7M Eb7M Ab7M
Já vive pertinho do céu!

  G7M   Dm7
Tem alvorada
         G9
Tem passarada
  C$\frac{6}{9}$
Alvorecer
Cm6   G
        B
Sinfonia de pardais
Em7 A13 D7 G
Anunciando o anoitecer

Bis {
  G13   Cm7
E o morro inteiro
  F7   Bb7M
No fim do dia
    Am7 D7 G7M
Reza uma prece — Ave Maria!
}

G G5+ G#° Am B7 Em C7 B7
A — ve Maria!   A — ve
                       C
C7M   D D7
E quando o morro escurece
G   Am7   Bm7 Am7
Eleva a Deus uma p r e c e...
            9   Cm6 A C
G G7M C G G G G
A — ve Maria!

Caprichos do Destino

Valsa-Canção

Letra e Música
de Pedro Caetano
e Claudionor Cruz

2.
E7
Gm
Bb
A9 -
Dm
F
B 7 5-
Am7
Am7
G
F7
E7
Am
Am7
A7M
F#7
B7
E7
D#dim
1.
A
A7M
F#m
E
C#7
F#7
B7
Bm7
E
E7
2.
A

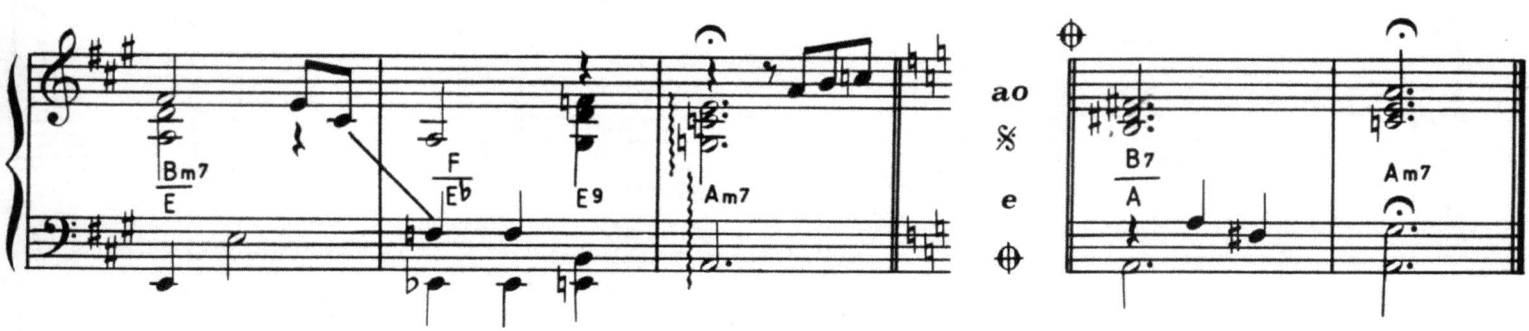

TOM — LÁ MENOR
Am   E7   Am

Introdução: Dm7 Bm5- E7 Am F7 B7 E7 Am Am7

    Dm6
  Se Deus um dia
   E7   Am
  olhasse a terra e visse o meu estado
        Bm5-
  na certa compreenderia
   E7   Bb7 A7
  o meu trilhar desesperado
   Dm
  e tendo Ele
   E7   Am
  em suas mãos o leme dos destinos
  F7   Em
  não me deixar-me-ia assim
   B7   E9- Am7
  a cometer desatinos.
   Dm
  É doloroso
   E7   Am
  mas infelizmente é a verdade
  F7   Bm5-
  eu não devia nem sequer
   E7   Gm   A9-
  pensar numa felicidade que não posso ter
   Dm   B5-   Am7
  mas sinto uma revolta dentro do meu peito
   Am7   F7
  é muito triste não se ter direito
   E7 Am Am7
  nem de viver.

   A7M   F#7   B7
  Jamais consegui em sonho ser concretizado
   E7   E7   D#dm A
  por mais modesto e banal sempre me foi negado
   A7M   F#m7   E7
  assim, meu Deus, francamente, devo desistir
  C#7   F#7
  contra os caprichos da sorte
    B7 B7 Bm7 E7
  eu não posso insistir,
   A7M   F#7   B7
  Eu quero fugir ao capricho a que estou condenado
   E7   D#dm A7
  Eu quero deixar esta vida onde fui derrotado
  Em   A7
  sou um covarde, bem sei
    D
   F#   D7M G7
  que o direito é levar a cruz até o fim
   A6/9   Bm7 F E9 -
              Eb B Am7
  mas não posso, é pesada demais para mim,

Dança dos sete véus

(Salomé)

Letra e Música de
Mário Mascarenhas

Fm
Bbm7
C7
Bbm
C 7
Gm5.
C 7
Fm
Eb7
Db
Cresc.
Db7
C
cadência ad. libtum
Fm
Do
ao

TOM — FÁ MENOR
Fm   C7   Fm

Introdução: *Bbm7   Fm   C7   Fm*

Fm
Vem, Salomé!
Bbm7
Tua dança me fascina
C7
Me seduz e alucina
Fm
És escrava do amor,
Salomé!

Bbm
Qual serpente no deserto ferida
C7   Bbm
Tens a chama da paixão incontida
C7   Gm5-
Quando os olhos te devoram
C7
Sete véus tu lhes atiras
Fm
E começam A gritar:
Salomé!

Côro:

Eb7   Db
Vem! Salomé!
Db   C
Vem! Salomé!

Fm
Vem, Salomé!
Bbm7
Quando ouço estas vozes
C7
Me parecem leões ferozes
Fm
A rugirem para ti,
Salomé!

Bbm7
E a dança continua sensual,
C7   Bbm
No banquete do amor oriental,
C7   Gm5-
Sinto em mim um frenesi
C7
Ao ver teu corpo que contorce
Fm
Com estas vozes a chamar:
Salomé!

Côro:

Eb7   Db
Vem! Salomé!
Db C Fm   Bbm7 Fm Bbm7 Fm Bbm7 Fm
Vem! Salomé!

(Para terminar, gritando) Vem, Salomé!

O Trovador

Marcha-Rancho

Jair Amorim
e Ewaldo Gouveia

Ab Ab7 Ab13 G7 Dm7 G7
Cm D7 G7 Cm Ab
G7 Cm G7 C C/G
D7 Dm7 G7 C
Cm7 F7 G7 Em7

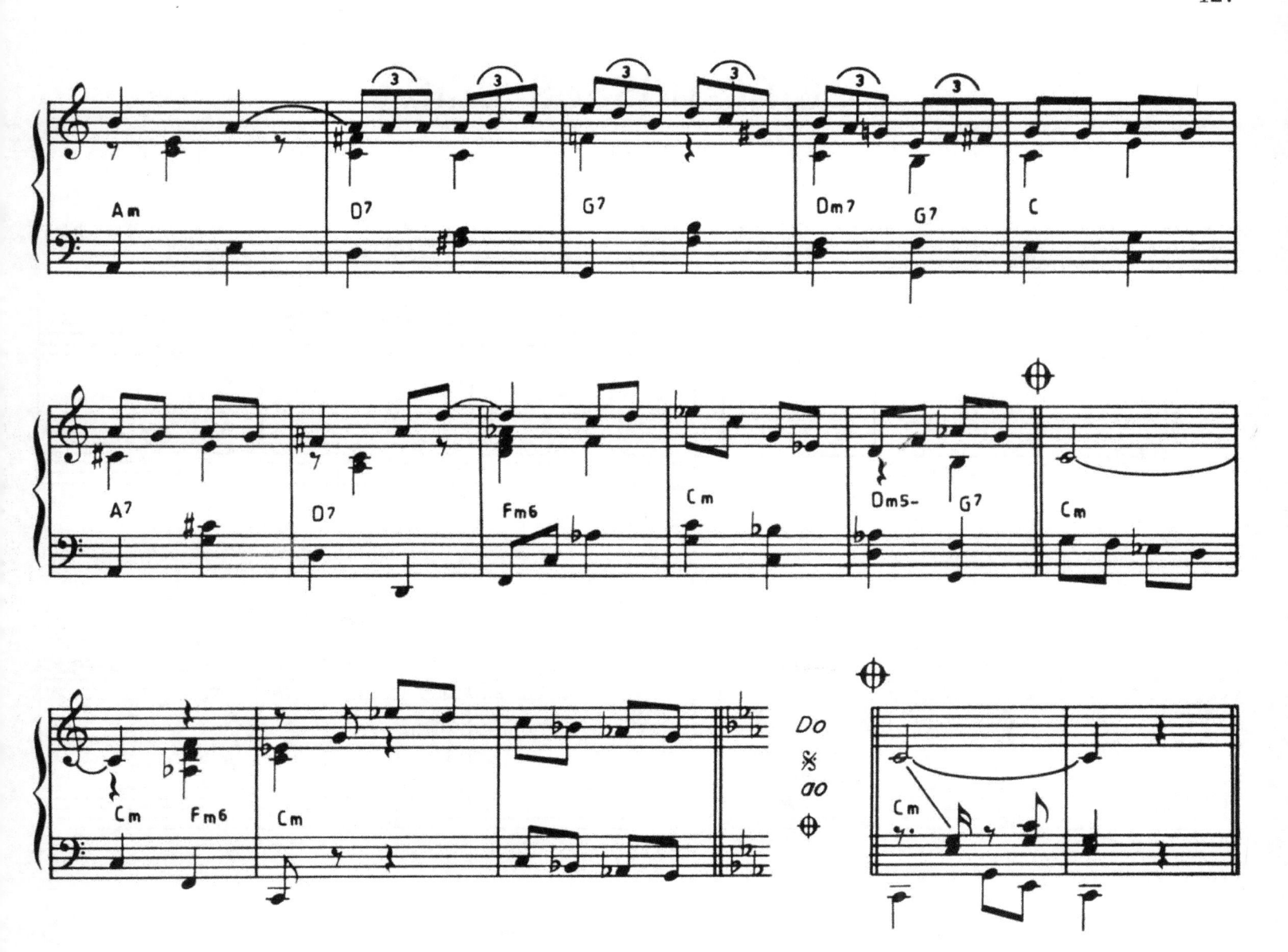

TOM — DÓ MENOR
Cm   G7   Cm

Introdução: Fm   G7   Cm   Ab7M   Dm5-   G7   Cm   Ab   G7

```
      Cm                         D7
         Sonhei que eu era um dia um trovador
Dm5-       G7    Cm           Ab7M    Fm7
         Dos velhos tempos que não voltam mais
Cm       D7           Gm
    Cantava assim a toda hora
              Ab
       As mais lindas modinhas
Ab7      Ab13        G7    Dm7   G7
    do meu tempo de outrora
Cm           D7      G7
    Sinhá mocinha de olhar fugaz
              Cm   Ab     G7        Cm   G7   C
         Se encantava com meus versos de rapaz
```

```
C            C
                G              D7
        Qual seresteiro ou menestrel do amor
Dm7       G7      C
        A suspirar sob os balcões em flor
Cm7          F7        G7
        Na noite antiga do meu Rio,
Em7            Am
        Pelas ruas do Rio,
D7                 G7
        Eu passava a cantar
        Novas trovas

          Dm7
        Em provas
            G7      C
        De amor ao luar
                A7       D7     Fm6
        E via, então de um lampião de gás
              Cm         Dm5-
        Na janela a flor mais bela
          G9-   Cm   Fm   Cm
        Em tristes áis!
```

Como nossos pais

Balada

Belchior

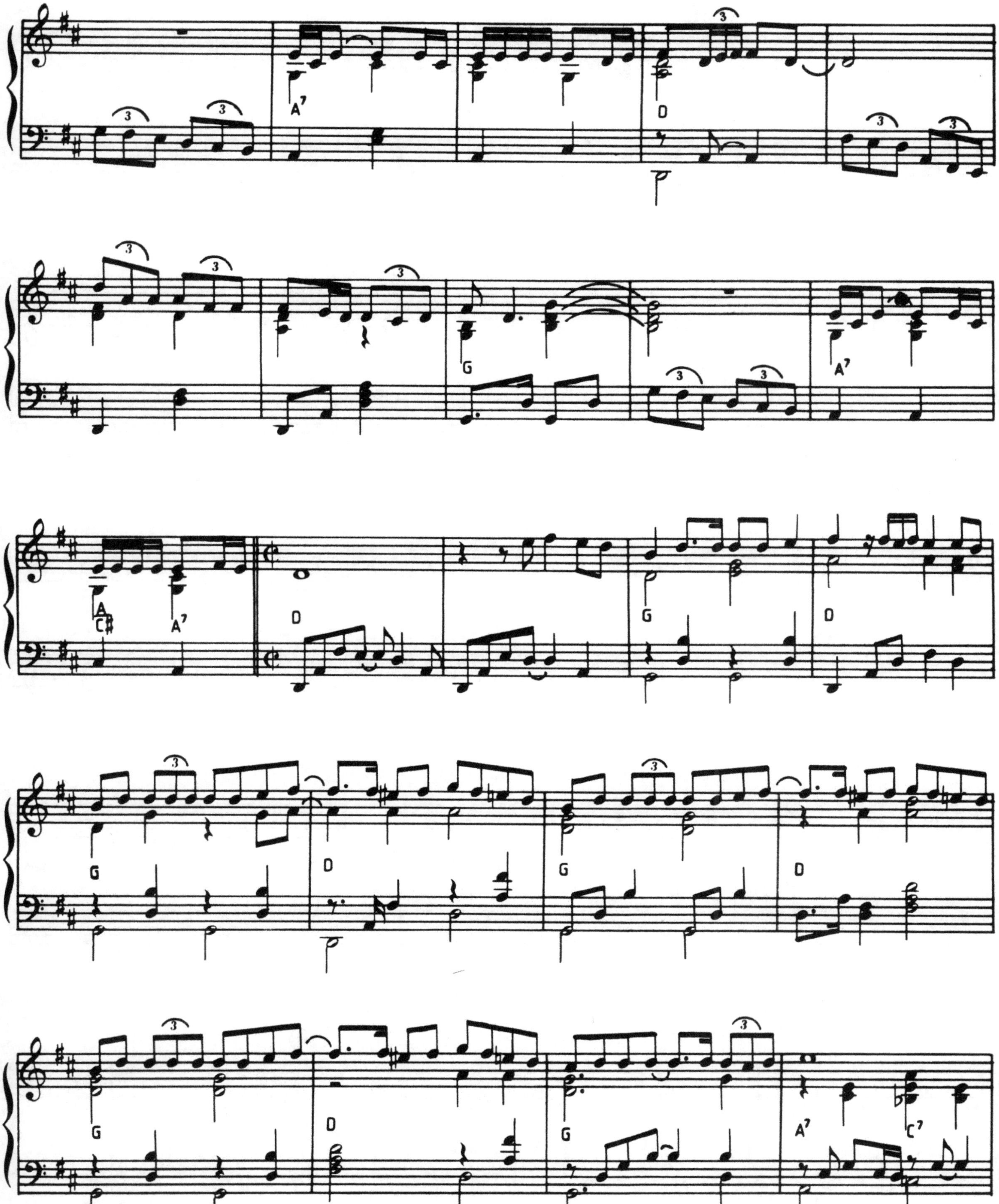
A7
D
G
A7
A
C#
A7
D
G
D
G
D
G
D
G
D
G
A7
C7

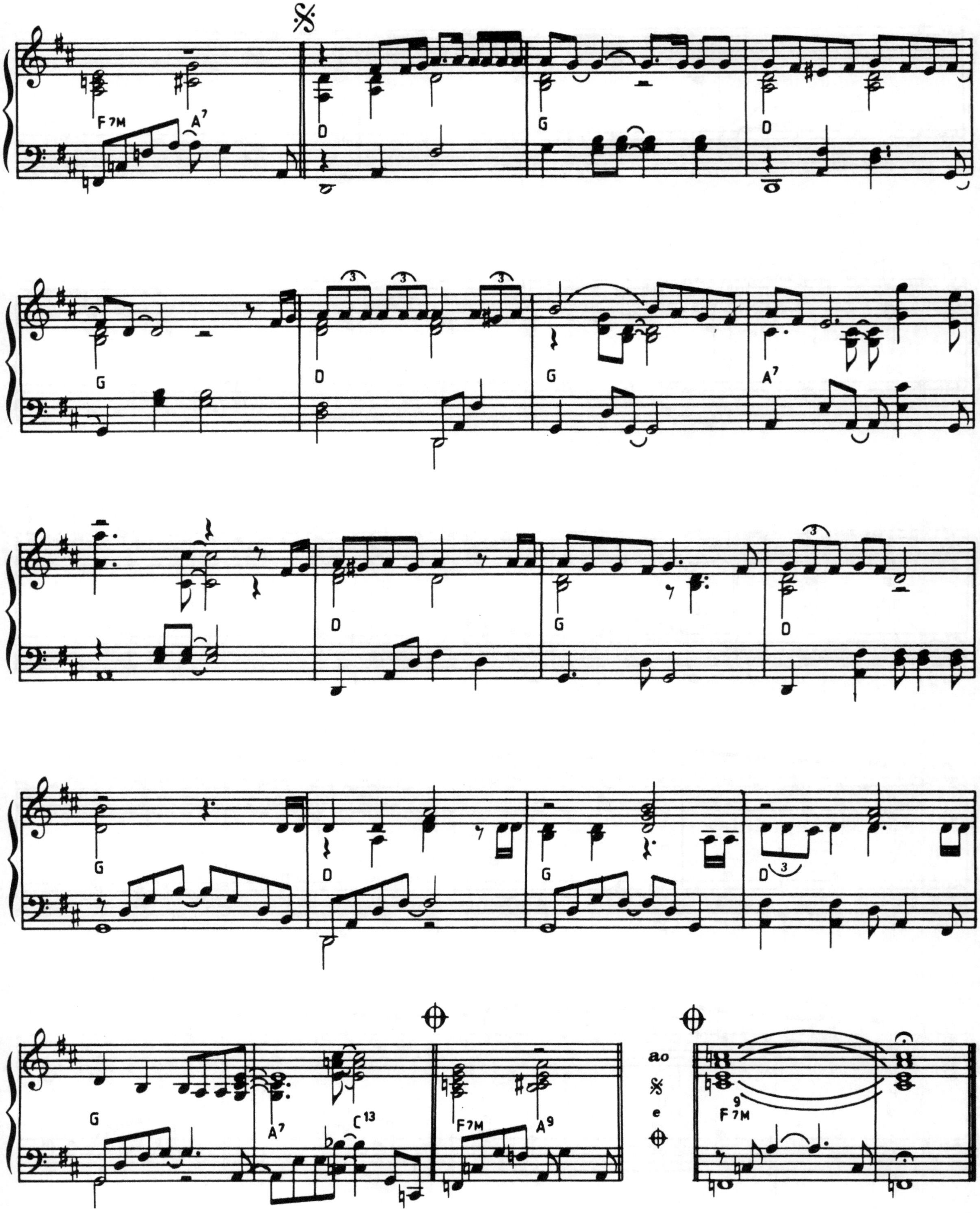
F 7M
A7
D
G
D
G
D
D
G
A7
D
G
D
G
D
G
D
G
A7
C13
F7M
A9
ao
%
e
⊕
F 9 7M

TOM — RÉ MAIOR
D   A7   A

Introdução: A7

    Bm7
Não quero lhe falar meu grande amor
                        G
  Em7   A
Das coisas que aprendi nos discos
G
A   A7
Quero lhe contar como eu vivi
E tudo o que aconteceu comigo
  Bm7
Viver é melhor que sonhar
         Em
Eu sei que o amor é uma coisa boa
           A7
Mas também sei que qualquer canto
               A13   D
É menor do que a vida de qualquer pessoa
D
Por isso cuidado meu bem
       G
Há perigo na esquina
A7   D
Eles venceram e o sinal está fechado para nós
Que somos jovens
D   G
Para abraçar meu irmão e beijar minha menina na rua
         A
A7   C#   A7   D
E que se fez o meu lábio, o meu braço e a minha voz
         G   D
Você me pergunta minha paixão
                G
Digo que estou encantada com uma nova invenção
     G   D
Vou ficar nesta cidade não vou voltar pro sertão
                 G
Pois vejo vir vindo do vento
               D
O cheiro da nova estação
             G   A7 C13 F7M A7
E eu sei de tudo na ferida viva do meu coração
D   G
Já faz tempo eu vi você na rua
        D   G
Cabelo ao vento gente jovem reunida
       D   G
Na parede da memória esta lembrança
        A7
É o quadro que dói mais
     D   G
Minha dor é perceber que apesar
            D
De termos feito tudo tudo o que fizemos
    D   G
Ainda somos os mesmos e vivemos
       A7   C13 F7M D9
Como nossos pais.

  D   G
Nossos ídolos ainda são os mesmos
      D   G
E as aparências não enganam não
        D   G   A7
Você diz que depois deles não apareceu mais ninguém
        D   G
Você pode até dizer que eu estou por fora
     D   G
Ou que eu estou inventando
            D   G
Mas é você que ama o passado e que não vê
            D   G
Mas é você que ama o passado e que não vê
                   A7 C13 F7M A9
Que o novo o novo sempre vem
D
E hoje eu sei que quem me deu
        G   G
A idéia de uma nova consciência e juventude
                          G
Está em casa guardado por Deus
               A7
Contando o seus metais
     D   G
Minha dor é perceber que apesar
           G   D
De termos feito tudo tudo tudo
O que fizemos

G   D   G
Ainda somos os mesmos e vivemos
    D   G
Ainda somos os mesmos e vivemos
    D   G
Ainda somos os mesmos e vivemos
       A7   C13 F$^9_7$
Como os nossos pais.

Só com você tenho paz

Beguine

Pereira dos Santos
e Avarese

TOM — FÁ MAIOR
F C7 F

Introdução: F7M Am7 Bb7M Ab7M Gm7 C5+ F F7M F7M(13)

F F7M Bm5-
Eu era tão feliz,
E7(9) Am7
Sem amar ninguém
D7   G7
Mas, você surgiu,
Gm5- C7 F Am7 Gm
E o amor   também...
C13   F F7M Bm5-
Com você junto a mim,
E7(9) Am7
Tudo é prazer,
D7   G7   Gm5- C7 F Bbm6 F
Mas, eu tenho medo   de sofrer

F7 E7   Bm5-
Uma desilusão
E9   Am Am7
Me traria dor
Dm9 G7 Dm7
Pois o meu coração
G7 Gm7 C5+(9)
Já é seu, meu amor
F7M   Bm5-
E viver sem você
E7   Am7
Eu não posso mais
D7   G7   Gm7 C7 F Bbm6 F7M(9)
"Pois só com você   tenho Paz".

Se queres saber

Samba-Canção

Peterpan

TOM — FÁ MAIOR
F   C7   F

Introdução: Bb Bbm6 F7M Bb7M Am Dm7 G7 C C9 F F
                                                    C

                G#m7 G#m6
      Se queres saber
      C7   C9 F Bb7
      Se eu te amo ainda
F7M   G#m7 G#m6
      Procura entender
      C7   Cm
      A minha mágoa infinda
F9   Bb7M
      Olha bem nos meus olhos
Bbm6   F7M Bb7
      Quando eu falo contigo
Am7   F7M Am7
      E vê quanta coisa
G#m6   C7   F Bb7
      Eles dizem que eu não ligo

Fm   Bbm7
O olhar de quem ama, diz
Eb7   Ab7M
O que o coração não quer
Db7M   Dm7
Nunca mais eu serei feliz
                  4
G7   C7 Csusp C7 Am7
Enquanto vida eu tiver

Volta a 1ª parte:

  Am7   G#m7 G#m6
Se queres saber, etc

Eu bebo sim

Samba

Luiz Antônio
e João do Violão

TOM — Sib MAIOR
Bb F7 Bb

Introdução: Fm Bb7 Eb Eb7M F7 Bb F13

Bis
{
   F13   Bb
  Eu bebo sim
  Bb7   Eb
  Estou vivendo
     Cm7
  Tem gente
  Que não bebe

  F7   Bb
  Tá morrendo
}

(Eu bebo sim)^F13

I

Fm7
Tem gente
  Bb7   Eb
Que já tá de "pé na cova"
 Bb7M   F7
Não bebeu e isso prova
              Bb Cm7
A bebida não faz mal
 Eb
 F   Bb
Uma pro santo
  Bb7   Bb9 Eb
Bota o "choro" e a "saideira"
           F7
Desce toda a prateleira
           Bb
Diz que a vida tá legal
    (Eu bebo sim)^F13

II

Fm7
Tem gente
  Bb7   Eb
Que condena o pileque
      Eb7M   F7
Diz que é coisa de moleque
             Bb Cm7
Cafajeste ou coisa assim
 Eb
 F   Bb
Mas essa gente
  Bb7   Bb9 Eb
Quando tá de "cuca cheia"
            F7
Vira "chave de cadeia"
        Bb
Esvazia o botequim.
    (Eu bebo sim)^F13

Maringá

Canção

Joubert de Carvalho

Lento

TOM — LÁ MENOR
Am   E7   Am

Introdução: Dm Bm5- Am F7 E7 Am E7

  E7   Am
     Foi numa leva
       A7   Dm
     Que a cabocla Maringá
          G7
     Ficou sendo a retirante
               C
     Que mais dava o que falá

F7M   Bm5-
    E junto dela
      E7   Am
    Vejo alguém que suplicou
      Am
     G   F7
    Prá que nunca se esquecesse
      E7   A
    De um caboclo que ficou.

(Ao estribilho)
     Am
   Antigamente
     A7   Dm
   Uma alegria sem igual
        G7
   Dominava aquela gente
        C
   Da cidade do Pombal

F7M   Bm5-
   Mas veio a seca
    E7   Am
  Toda chuva foi-se ebora
    Am
   G   F7
  So restando então as águas
    E7   A
  Dos meus oio quando chora.

Estribilho:

  E7   A
Maringá, Maringá
  D7   A
Depois que tu partiste
  G7   C#m7
Tudo aqui ficou tão triste,
     F#m9   Bm7
Que eu garrei a imaginá:

     E7
Maringá, Maringá,
    Bm7
Prá havê felicidade
  E7   Bm7
É preciso que a saudade
  E7   A
Vá batê noutro lugá

  G7   F#79
Maringá, Maringá
       Bm7
Volta aqui pró meu sertão
    E7
Prá de novo o coração
Bm7   E7   A D A
De um caboclo assossegá

Rapaziada do Braz

Valsa Chôro

A. Mariano

141

D
D6/F#
Dm/F♮
A7/E
A7
Em
A7
Em
A7
D7M
A7
D
G7
D
B7
Em
B7
Em
G#o
D6/F#
D
A7
D
Em5-
A7
Ao
e
Dm

Saudade de Pádua

Valsa

Letra de
Roberto Fioravante

Música de
Edmundo Guimarães

Cm
Am5-
D7
Gm
D/F#
Gm
D7
G
D7
G
Am7
D7
Am
D7
Am7
D7
G
D7
G
D7
G
C7M
C/D
G
G7
C7M

TOM — SOL MENOR
Gm   D7   Gm

Introdução: *Gm   Cm   Am   D7   Gm   D7   Gm*

Gm7 Gm
Eu ainda era rapaz

Deixei minha cidade

Tive de partir
D7
Com os meus queridos pais
Am5-   D7
Ah! Infância tão distante

Que eu feliz passei

E hoje na velhice
Gm
Choro de saudade
D7
Ao lembrar-me os dias
Gm
Que por lá brinquei

Domingo na matriz
G9-
De manhã bem cedinho

O sino a tocar
Cm
Chamando prá missa rezar

Quando a tardinha chegava

Am5-   D7   Gm
Lá na praça então se ouvia
D
A bandinha que tocava
F
Gm
Trazendo alegria.

D7   G
Minha querida aldeia
D7   G
Ainda bem me lembro

O som dos bandolins

Os boemios cantores

Am7   D7
E as serenatas ao luar
Am   D7
Os tradicionais festejos
Am7
Alegres reuniões
D7
E as jovens nos balcões
G
A receber gracejos
D7   G
De tudo o que restou
D7   G
Somente esta lembrança
C
C7M   D   G
De um tempo tão feliz
G7
Que alegre vivi
C7M
Quando criança
Am   G
Ah! como é bom reviver
Em   Am
Minha querida Pádua
D7   G
Que me viu nascer

Lua Branca

Canção

(Da opereta "Forrobodó")

Chiquinha Gonzaga

TOM — RÉ MENOR
Dm   A7   Dm

Introdução: Gm $\overset{Dm}{F}$ E7   A7   Dm

$\overset{Dm}{\text{Oh!}}$ $\overset{Em5-}{\text{lua branca}}$ $\overset{A7}{\text{de fulgores e}}$ $\overset{Dm}{\text{de encanto}}$
$\overset{Am7}{\text{Se é verdade}}$ $\overset{D7}{\text{que ao amor tu}}$ $\overset{Gm}{\text{dás abrigo,}}$
$\overset{Gm6}{\text{Vem tirar dos}}$ $\overset{C7}{\text{olhos meus o}}$ $\overset{Dm}{\text{pranto}}$
Ai! $\overset{A7}{\text{vem matar esta paixão que anda}}$ $\overset{Dm}{\text{comigo.}}$

Ai! por quem $\overset{Gm7}{\text{és, desce}}$ $\overset{C7}{\text{do céu! Oh!}}$ $\overset{F}{\text{lua branca}}$
$\overset{Am5-}{\text{Essa amargura}}$ $\overset{D7}{\text{do meu peito... Oh!}}$ $\overset{Bb}{\text{vem,}}$ $\overset{Gm}{\text{arranca;}}$
$\overset{Gm}{\text{Dá-me}}$ $\overset{Gm6}{\text{o luar da tua}}$ $\overset{Dm}{\text{compaixão}}$
Oh! vem, $\overset{A7}{\text{por Deus, iluminar meu}}$ $\overset{Dm}{\text{coração.}}$

E quantas $\overset{Em5-}{\text{vezes}}$ $\overset{A7}{\text{lá no céu me}}$ $\overset{Dm}{\text{aprecias}}$
$\overset{Am7}{\text{A brilhar em}}$ $\overset{D7}{\text{noite calma e}}$ $\overset{Gm}{\text{constelada}}$
$\overset{Gm6}{\text{A sua luz,}}$ $\overset{C7}{\text{então, me}}$ $\overset{Dm}{\text{surpreendia}}$
Ajoelhado junto aos pés da $\overset{A7}{\text{minha}}$ $\overset{Dm}{\text{amada.}}$
E ela a chorar a $\overset{Gm6}{\text{soluçar,}}$ $\overset{C7}{\text{cheia de}}$ $\overset{F\ F7M}{\text{pejo}}$
Vinha em $\overset{Am5-}{\text{seus lábios}}$ $\overset{D7}{\text{me ofertar um}}$ $\overset{Bb}{\text{doce}}$ $\overset{Gm}{\text{beijo}}$
$\overset{Gm}{\text{Ela}}$ partiu, $\overset{Gm6}{\text{me abandonou}}$ $\overset{Dm}{\text{assim}}$
Oh! lua $\overset{A7}{\text{branca, por quem és, tem dó de}}$ $\overset{Dm}{\text{mim.}}$

Maria

Samba

Letra de
Luiz Peixoto

Música de
Ary Barroso

© Copyright 1939 by Irmãos Vitale S.A. Ind. e Com. São Paulo - Rio de Janeiro - Brasil
Todos os direitos autorais reservados. All rights reserved.

TOM — FÁ MAIOR
F   C7   F

Introdução: Gm7 C7 F7M E7 Am7 Dm Gm C7 F Gm C7

     F7M F#° Gm7
Maria!
  C7   F
O teu nome principia
        G7 C7   F Em5- A7 Dm
Na palma de minha mão
 Dm7   G7
E cabe bem direitinho
                              7
    C7   F Am7 Ab° Gm7 C5+
Dentro do meu coração   Maria!
   F7M F#° Gm7
Maria!
  C7   F
De olhos claros, côr do dia
      G7 C7   F Em5- A7 Dm
Como os de Nosso Senhor
 Dm7   G7
Eu, por vê-los tão de perto,
  C7   F Am7 Ab° Gm7 C7
Fiquei ceguinho de amor.
    Bb7M
No dia, minha querida,
   Gm7
Em que juntinhos na vida
                          9-
  C7   C9   F7M A5+   Dm7
Nós dois nos quisermos bem
 Dm
  C   G7
A noite em nosso cantinho
   Gm7   Dm7
Hei de chamar-te baixinho,
   G7   Gm   C7
Não has de ouvir mais ninguém, Maria!

     F7M F#° Gm7
Maria!
  C7   F
Era o nome que eu dizia
        G7C7   F Em5- A7 Dm
Quando aprendi a falar
 Dm7
Da avózinha,
 G7
Coitadinha,
                C7   F Am7 Ab° Gm C5+
Que eu não canso de chorar   Maria.
    Bb7M
E quando eu morar contigo
   Gm7
Tu has de ver que perigo
                         9-
  C7   C9   F7M A5+   Dm
Que isso vai ser, ai! meu Deus
 Dm7
  C   G7
Vai nascer todos os dias
   Gm7   Dm7
Uma porção de Marias!
                            Bb
  G7   Gm   C7
                            C
De olhinhos da cor dos teus, Maria!
   F7M Gm7 F7M
Maria!

Bastidores

Samba-Canção

Chico Buarque de Hollanda

Fm B♭7 E♭ E♭7M G7 Cm F7 B♭m7M B♭m6
A♭ G5+ 9- Cm G9- D7 G7 C9
F Dm7 G13 C7 G♭0 F7 B♭m7 E♭9
A♭7M B♭7 E♭ C7 Fm7 B♭7 E♭ E♭7M G7
Cm B♭m E♭7 A♭7M Gm9- Cm G9- D7

G7 C7 F Dm G7 C7 Gbo F7
Bbm Eb7 Ab Bb7 Eb C7 Fm Eb Eb7M
G7 Cm7 F7 Bbm7 Bbm6 Ab Gm9- Cm
G9 D7 G7 C7 F Dm7 G7 C7
Gbo F7 Bbm7 Fm7 Fm9 Bbm7 Ab7M Am7

TOM — FÁ MENOR
FAm   C7   Fm

Introdução: *Em   F#m5-   B9-   Em   Am9*

```
         F   Dm    G7  C7                    D
                                             F#   F7
Chorei,      chorei até  ficar com dó de mim
Bbm7         Eb7         Ab7M
    E me tranquei no camarim
         Bb7         Eb7           D7
    Tomei um calmante um excitante
            Gm7    C7
    Um bocado de gin
         F   Dm   G7    C7               Gbº  F7
    Amal — diçoei o dia em que te conheci
Bbm7        Eb7            Ab
    Com muitos brilhos me vesti
    Bb7       Eb        C7      Fm        Bb7
    Depois me pintei, me pintei, me pintei, me pintei,
         Eb  Eb7M   G7 Cm         F7         Bbm7M Bbm6
    Cantei,    cantei    como é cruel  cantar assim
  Ab        G5+
              9-       Cm
    E num instante de ilusão
              G9-   D7      G7
    Te vi pelo salão a caçoar de mim
 C9      F   Dm7   G13   C7              Gbº  F7
    Não me    troquei  voltei correndo ao nosso lar
 Bbm7        Eb9       Ab7M
    Voltei para me   certificar
         Bb7         Eb          C7
    Que tu nunca mais vais voltar
            Fm7        Bb7
    Vais voltar, vais voltar
         Eb  Eb7M   G7 Cm                    Bbm Eb7
    Cantei,   cantei    nem sei como eu cantava assim
 Ab7M       Gm9-       Cm
    Só sei que todo  o cabaré
            G9-       D7         G7  C7
    Me aplaudiu de pé quando  cheguei ao fim
         F   Dm    G7
    Mas não    bisei
         C7                Gbº  F7
    Voltei correndo ao nosso lar
 Bbm        Eb7         Ab
    Voltei prá me   certificar
         Bb7         Eb          C7
    Que tu nunca mais vais voltar
              Fm
    Vais voltar, vais voltar
         Eb  Eb7M   G7 Cm7         F7        Bbm7 Bbm6
    Cantei,    cantei,    jamais cantei tão lindo assim
  Ab         Gm9-       Cm
    E os homens lá  pedindo bis
              G9    D7         G7  C7
    Bebados e febris a se rasgar por mim
         F   Dm7    G7  C7             Gbº  F7  Bbm7  Fm7  Fm9  Bbm7  Ab7M
    Chorei,     chorei até  ficar com dó de mim
```

Menina Moça

Samba

Letra e Música
de Luiz Antonio

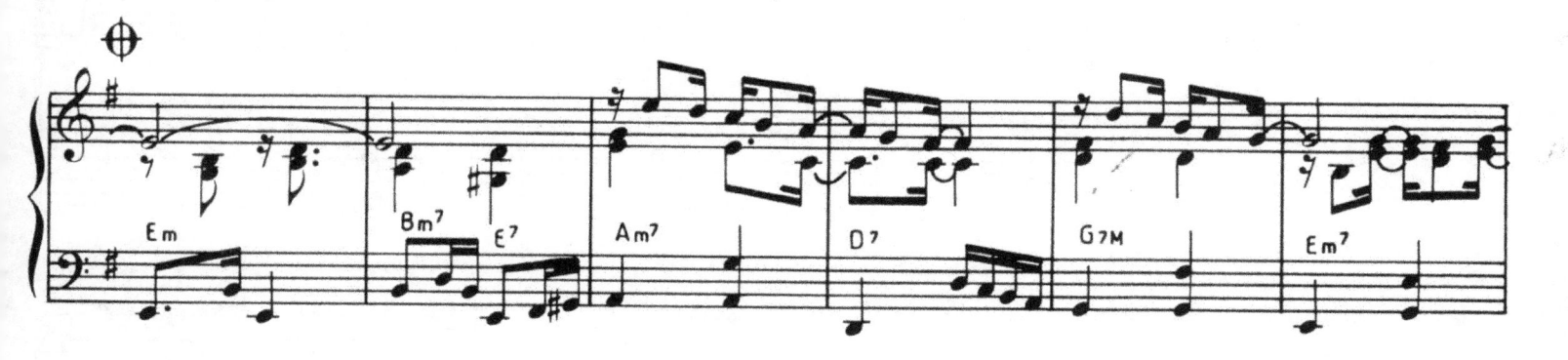

TOM — MI MENOR
Em   B7   Em

Introdução: Am7   D7   G7M   Em7   C7   B7   Em   F#m5-   B7

         Em
Você, botão de rosa
    F#5-   B7   Bm5-
Amanhã a flor mulher
E7   Bm5-
Jóia preciosa
E7   Am
Cada um deseja e quer
Am   D7
    Que manhã banhada ao sol
G7M   Em
   Vem o mar beijar
C7M   C11   F#m5-   B5+
Lua enciumada noite alta vai olhar.

     Em
Você, menina moça
    F#5-   B7   Bm5-
Mais menina que mulher
E7   Bm5-
Condições não ouça
E7   Am
Abra os olhos se puder,
Am   D7
Tudo tem seu tempo certo
G7M   Em7
Tempo para amar
C7   B7   Em
Coração aberto faz chorar,
  Bm5-   E7
A lua, o sol,
  Am7
A praia, o mar,
  C#5-   F#9-
Missão, dever
F#5-   B7
A vida eterna   para amar.

Meu cariri

Dilú Mello
e Rosil Cavalcanti

TOM — DÓ MAIOR
C G7 C

Introdução: Dm G7 C G7 C

G7   C
No meu Cariri
           Em
Quando a chuva não vem
       Dm
Não fica lá ninguém
G7   C
Somente Deus ajuda
A7   Dm
Se não vier do céu
G7   C
Chuva que nos acuda

     F
Macambira morre
         G7
Chique-chique seca
      C
Juriti se muda

   F   C
Macambira morre
          G7
Chique-chique seca
       C
Juriti se muda

  F   C
Se Deus me der um jeito
F   C
De chover todo o ano
       Am   Dm
Se acaba desengano
G7   C
O meu viver lá é certo
A7   Dm
o meu Cariri
G7   C
Pode-se ver de perto

         F
Bis { Quanta boniteza
         G7
    Pois a natureza
              C
    É um paraíso aberto

Ocultei

Samba-Canção

Ary Barroso

Am7
D9-
Gm
C7
F
F7M
Bbm6
Bb7
F
Fm7
F°
F7M
Bb7M
F7M
F°
Am7
Dm7
Am7
D9-
Gm7
C7
Am7
Am5-
D7
Gm
C7
F7M
F13
Bb
Abo
Am7
Eb9

TOM — FÁ MAIOR
F   C7   F

Introdução: Bb7M   Am7   D7   Gm7   C7   F   C9-   F   Gm7   C7   F7M

        Gm7
     Ocultei
  C7   Am7
    Um sofrimento de morte
Am5-   D9-   Gm
    Temendo   a morte
     C7   Am7
    Do grande amor que te dei.
 D9- Gm7
 Procurei
Gm7   C7   F7M
   Não pertubar nossa vida
Am7   D9-   D7 Gm
   Que era   florida
        C7   F F7M Bbm6 Bb7
   Como a princípio sonhei.

 F   Fm7 F°   F7M Bb7M F7M
 Hoje, porém,   abri as portas do destino
 F°   Am7
 Mandei andar o amor
  Dm   Am7 D9-
 Um mero clandesti——no
   Gm7 C7   Am7
 Encerrei   um episódio funesto
  Am5- D7 Gm
 Agora   detesto
C7   F7M
 Aquele a quem tanto amei.

 F13   B5   Ab°
 O meu mais ardente desejo
   Am7   Eb9 D9-
 Que Deus me perdoe o pecado
   Gm   C7
 É que outra mulher ao teu lado
  F7M   Bb7   F
 Te mate na hora de um beijo

Meiga Presença

Samba-Canção

Paulo Valdez
e Otávio

F/A
A♭dim
Gm7
G7
B♭/C
C9-
F7M
6
D♭7/A♭
C9-
F
F9 7M
6
D♭7/A♭
C9-
Cm9
F7/C
B♭7M
B♭
B♭m6
F/A
A♭dim
Gm7
D♭9
B♭/C
Am5-
D9-

TOM — FÁ MAIOR
F   C7   F

Introdução: Bb7M   Bbm6   F/A   Abdm   Gm7   Bbm6   C7   F   Dm7   Csusp   C13⁴

       F
Quem, ao meu lado
      Db7
    Ab   F
Estes passos caminhou?
       Db7
    Ab
Estes beijos em meu   rosto
C9-   Cm7 F13
Quem beijou?
Bb7M   Bb6   Bm6
A mão que afaga a minha mão
 F
 A   Abdm Gm
Este sorriso que eu não vejo   de onde vem
            Bb
G7   C C7
Quem foi que me voltou?
F7M   Db7
            Ab
Vem, de outro tempo bem longe
C9-   F
Que esqueci...

          Db7
F7M   Ab
A ternura que nunca...
C9-   Cm   F7
Mereci
Bb7M   Bb6
Quem foste tú,
Bb
C
Presença e pranto
 F
 A   Abdm
Eu nunca fui amado tanto
Gm   Db9
Estais aqui
Bb
C
Momento antigo
Am5-   D9-
Estais comigo,
Bb7M   Bbm6
Se não te importa ser lembrada
F
A   Abdm
Se não te importa ser amada
Gm   C7
Amor amigo
Bbm6   C7
Fique ao meu lado
              Bb
F7M   Bb7M C   Ebm9 F7M
S e m p r e ...

Mulata assanhada

Samba

Ataulfo Alves

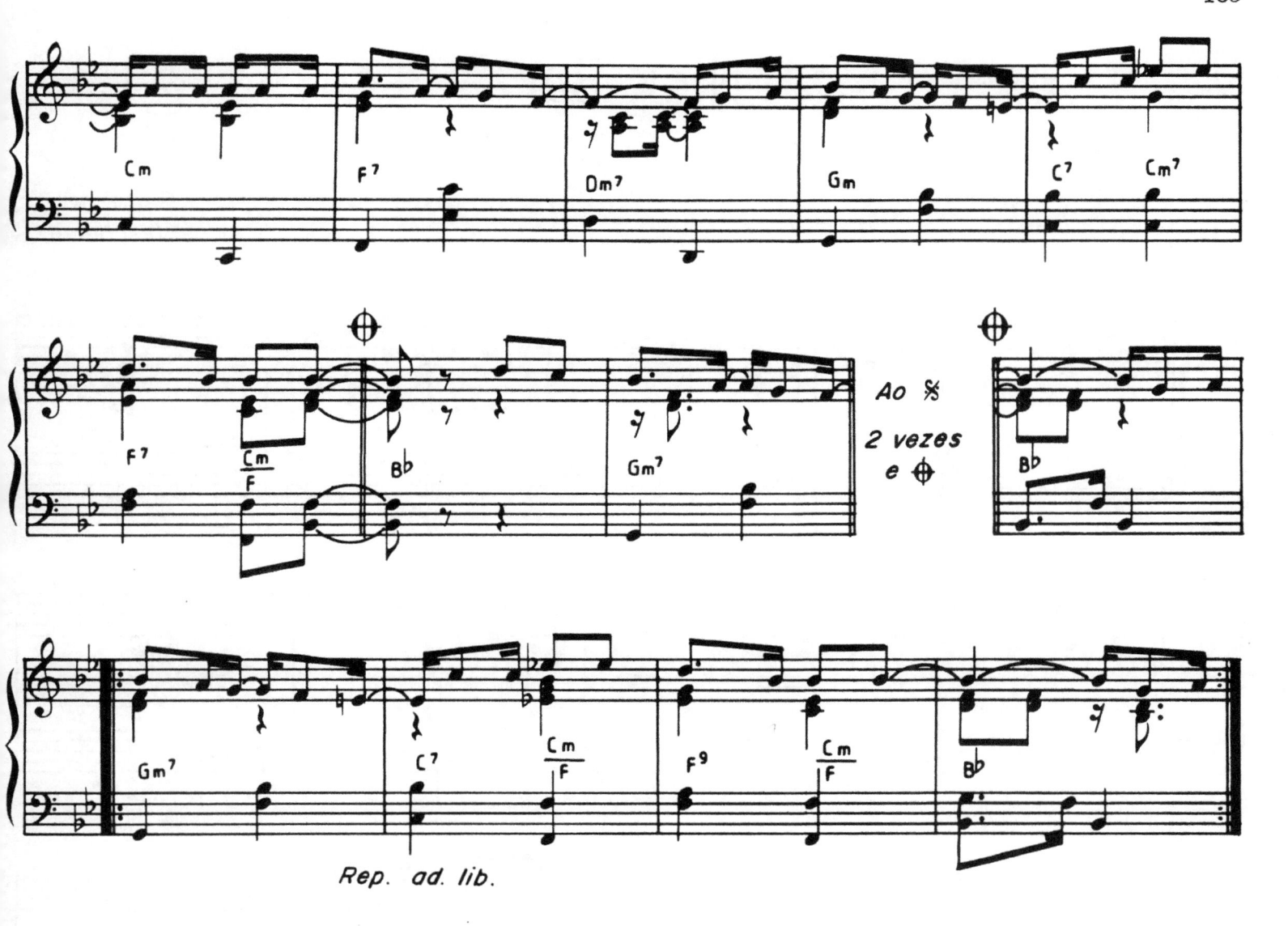

TOM — Sib MAIOR
Bb   F7   Bb

Introdução: Bb   Cm7   F7   Bb

Bis
$\left\{\begin{array}{l}\end{array}\right.$
           Cm7
Ô mulata assanhada
          F7
Que passa com graça
   Dm7
Fazendo pirraça
   G7
Fingindo inocente
Cm7   F7   Bb
Tirando o sossêgo da gente

    Gm   Cm
Ó mulata sé eu pudesse
   F7   Bb
E se meu dinheiro desse
    Gm   Cm
Eu te dava sem pensar
         F7   Dm
Este céu, esta terra, este mar
  Gm7   C7
Ela finge que não sabe
              Cm
Cm7 F7   F Bb
Que tem feitiço no olhar

    Gm   Cm
Ai meu Deus que bom seria
   F7   Bb
Se voltasse a escravidão
    Gm   Cm
Eu comprava esse mullata
   F7   Dm7
E prendia no meu coração
  Gm7   C7
E depois a pretoria
 Cm   F7   Bb
É quem resolvia a questão.

                            Cm
          Gm7 C7 Cm F9 F Bb
Repetir ad libtum:

Nick Bar

Samba-Canção

Garoto e
José Vasconcellos

© Copyright 1952 - para todos os países do mundo "Impressora Moderna Ltda." - Brasil
Todos os direitos autorais reservados - All rights reserved.

TOM — DÓ MAIOR
C   G7   C

Introdução: Dm7   Bb7   C7M   C9   Dm7   G7   Fm9

  C7M   F7M   C7M F7M
Foi neste bar   pequeni—no
  C7M   Am7   Em9   A9-
Onde encontrei meu amor
Dm7   E7   Am7
Noites e noites sózinho
  D7   Dm7
Vivo curtindo uma dor
G7 C7M   Dm7   Em Dm7
Todas as juras sentidas
C7M   Dm7   Em7   C7
Que o coração já guardou
F7M   Bb7   Em5- A7
Hoje são coisas perdidas
  Dm7   G7   C
Que o eco ouviu e guardou.

        Fm7 G5+   C7M
Você partiu e me deixou
      Fm7   G7   C7M
Não sei viver sem seu amor
F7M   Bm5- E7   Am7
O que ficou só me lembrou
    D7   Dm7   C
Nossos encontros no Nick Bar

Homenagem ao Malandro

Samba

Chico Buarque de Hollanda

TOM — FÁ MAIOR
F C7 F

Introdução: Bb7M Bbm7 Am7 D7 Gm7 C9- F

   C13   F7M   Eb9 D7   G7
Eu fui fazer um samba em homenagem
                 Gm7
À nata da malandragem
C7   F   C13
Que conheço de outros carnavais
      F7M   Eb7 D7   G7
Eu fui à Lapa e perdi   a viagem
                 Gm7
Que aquela tal malandragem
C7   F
Não existe mais

F^9_6 Am7 D7
Agora já não é normal
    G7   C7   Gm7
O que dá de malandro regular, profissional
C7   F   Am7   D7
Malandro com aparato   de malandro oficial
      G7   Gm7   C13
Malandro candidato a malandro federal
      F   Cm7   F7
Malandro com retrato na coluna social
  Bb6   Bb7M   Dm7 G7   Dm7
Malandro com contrato com gravata e capital
G13   Gm7   C13
Que nunca se dá mal
       F7M   Eb9 D7
Mas o malandro prá valer
      G7
— Não espalha
           Gm7
Aposentou a navalha
C7   F   C13
Tem mulher e filho e trabalha e tal
      F7M   Eb7 D7   G7
Dizem as más línguas que ele até trabalha
                Gm7
Mora lá longe e chacoalha
C7   Bb7 F9
Num trem da Central   7M

Cotidiano n.º 2

Samba-Chôro

Toquinho e
Vinicius de Moraes

TOM — DÓ MAIOR
C   G7   C

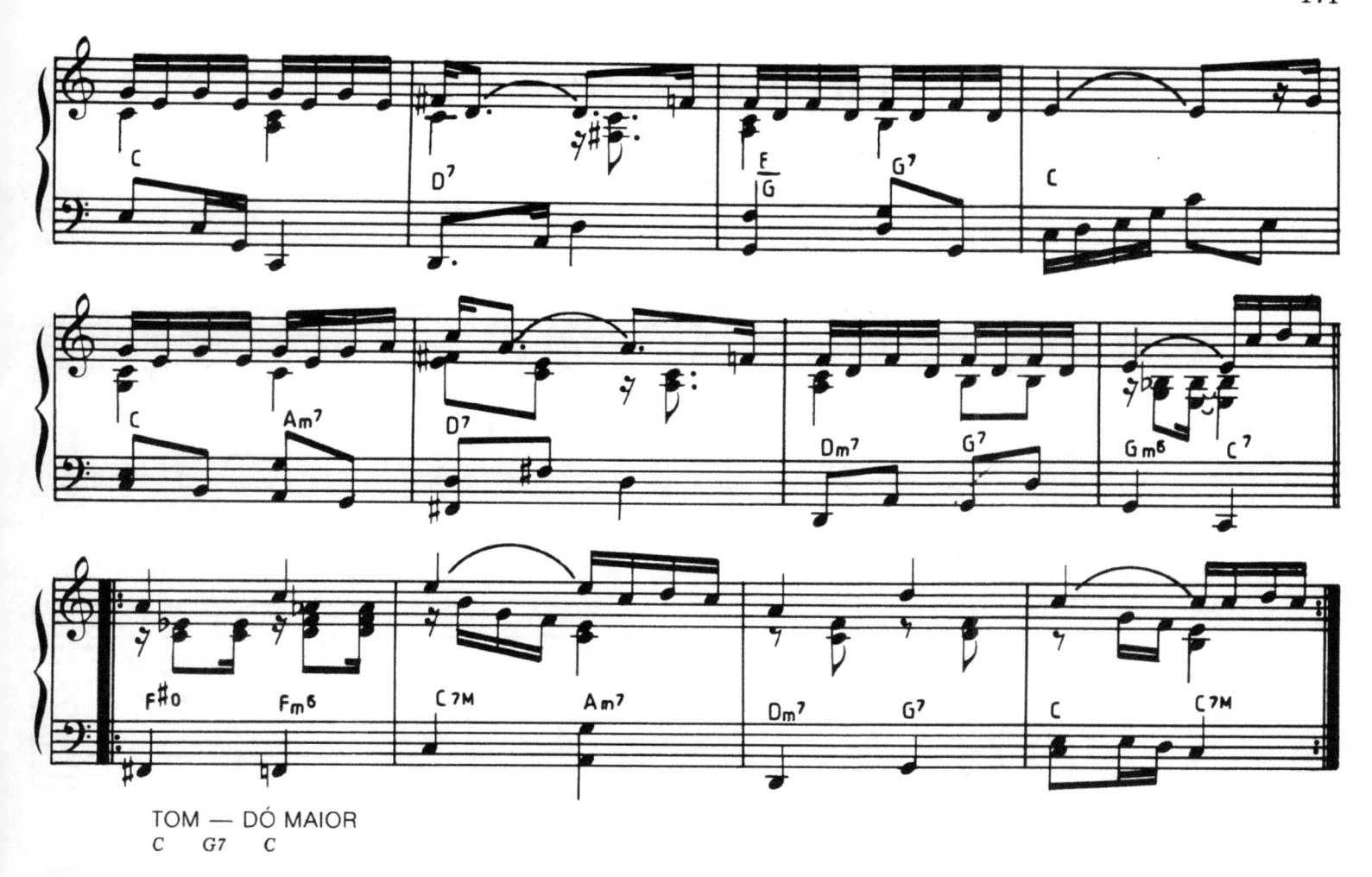

Introdução: C C7 F#° Fm6 Em7 Am D7 G7 C

         C   D7
Há dias que eu não sei o que me passa
  Dm7   G7   C7M
Eu abro o meu Neruda e apago o sol
  C7M   Am7   D7
Misturo poesia com cachaça
  Dm7   G7   C
E acabo discutindo futebol

Bis {
  C7   F#° Fm6 Em
Mas não tem n a d a não
  Am7   Dm7 G7 C
Tenho o meu vi—o—lão
}

        C   D7
Acordo de manhã pão sem manteiga
  Dm7   G7   C
E muito muito sangue no jornal
  C   Am7   D7
Aí, a criançada toda chega
  Dm7   G7   Gm6
E eu chego a achar Herodes natural

Bis {
  C7   F#° Fm6 Em
Mas não tem n a d a não
  Am7   Dm7 G7 C
Tenho o meu v i—o———lão
}

        C   D7
Depois faço a loteca com a patroa
  Dm7   G7   C7M
Quem sabe o nosso dia vai chegar
  Dm7   Am7   D7
E rio porque rico ri atôa
  Dm7   G7   C
Também não custa nada imaginar

Bis {
  C7   F#° Fm6Em
Mas não tem n a d a não
  Am7   Dm7 G7 C
Tenho o meu vi—o—lão
}

       C   D7
Aos sábados em casa tomo um porre
  Dm7   G7   C
E sonho soluções fenomenais
  C   Am7   D7
Mas quando o sono vem e a noite morre
  Dm7   G7   Gm
O dia   conta história sempre igual

Bis {
  C7   F#°Fm6 Em
Mas não tem n a d a não
  Am7   Dm7 G7 C
Tenho o meu vi— o—lão
}

       C   D7
Às vêzes quero crer mas não consigo
  Dm7   G7   C7M
É tudo uma total insensatez
  C7M   Am7   D7
Aí   pergunto à Deus: escute amigo
  Dm7   G7   C
Se foi prá desfazer porque é que fez?

Bis {
  C7   F#° Fm6 Em
Mas não tem n a d a não
  Am7   Dm7 G7 C
Tenho o meu vi—o—lão!
}

Jarro da saudade

Samba

Daniel Barbosa,
Mirabeau e Geraldo Blota

TOM — FÁ MAIOR
F   C7   F

Introdução: *Gm7 C7 F7M D7 G7 C7 F F6 C13*

          F   D7   Gm   C7
      Iaiá cadê o jarro?
Ele   Gm7   C13   F7M
      O jarro que eu plantei a flor?

     ⎧   Bb   C13   F
Ela ⎨ Eu vou lhe contar um caso:
Bis⎨ F7M D7   Gm   C7 F Cm7 F7
     ⎩ Eu quebrei o jarro e matei a flor

     ⎧   Bb Bb7   Gm C7
Ele ⎨ Que maldade!... Que m a l d a d e!...
     ⎨   F7M
     ⎨ Você bem sabia
Bis⎨
     ⎨ Dm7   Gm7
     ⎨ No jarro de barro
Ela ⎨ C7   F
     ⎩ Eu plantei a saudade!...

Kalú

Baião

Humberto Teixeira

TOM — RÉ MAIOR
D   A7   D

Introdução: G   C#7   F#m   B7   Em   A7   D   A7

Bis {
    D
Kalú! Kalú!
      F#m7   Bm7   Em F#m B7
Tire o verde   desses'óio de riba d'eu!
  Em7   A7
Kalú!   Kalú!
     Em   A7   F#m7 Bm7 Em7
Não me tente se você me esqueceu...
A7   D Em A7   D
Kalú!   Kalú!
     Am7   D7   G   C
Esse olá   depois do que assucedeu!   D
D7   G   A
                   G   F#m
Cum franqueza, só n'um tendo coração,
     B7   Em7
Fazer tal judiação.
  A7   D
Você tá "mangando" D'eu!...
        B7   Em7   A7   D
2ª vez: você tá   mangando d'eu!

Não deixe o samba morrer

Samba

Edson e Aloísio

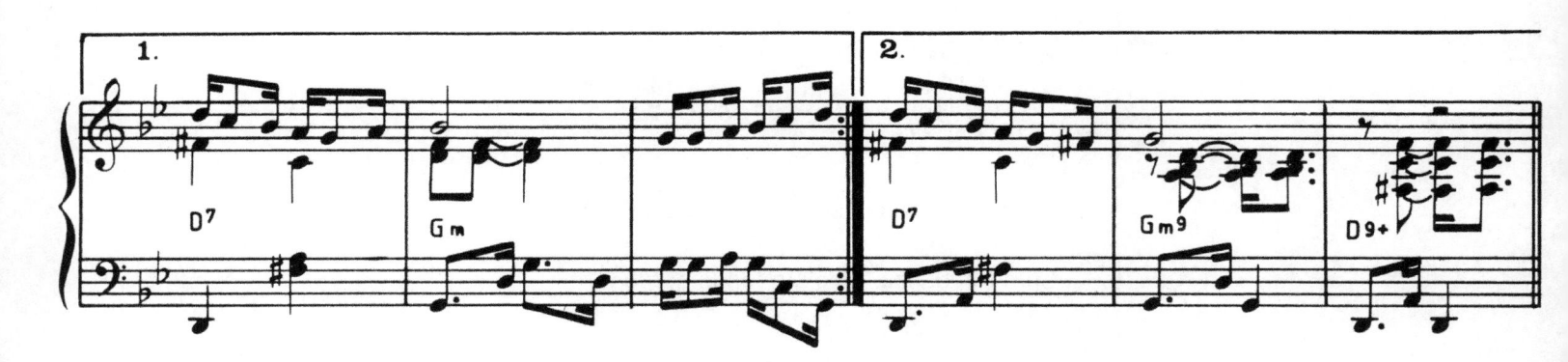

Gm
Gm7
Cm7
Am5-
D9-
Gm
Gm9
Cm7
F7
Bb
Eb7M
Am5-
1.
D7
Gm7
D9+
2.
D9-
Gm9
Cm7
F7
Bb
Bb7M
G7
Cm7
F13
Bb7M
G5+9-

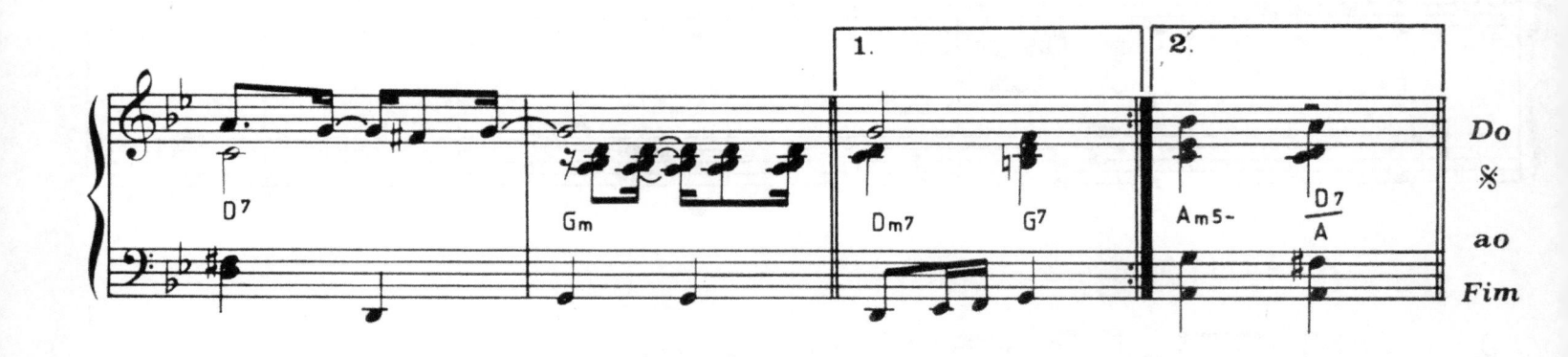

TOM — SOL MENOR
Gm   D7   Gm

Introdução: *Cm   Am7(5-)   D7   Gm   Eb7M   D7   Gm   D7*

Bis {
   Gm   *Cm*
   Não deixe o samba morrer
   F7   *Bb*
   Não deixe o samba acabar
   Eb7M   *Am5-*
   O morro foi feito de samba
   D7   *Gm*
   De samba prá gente sambar
}

Bis {
   Gm   *Gm7*
   Quando eu não puder pisar
          Cm7
   Mais na avenida
   Am5-   *D9-*
   Quando as minhas pernas
                  Gm
   Não puderem aguentar
   Gm9   *Cm7*
   Levar meu corpo
   FA7   *Bb*
   Junto com meu samba
   Eb7M   *Am5-*
   O meu anel de bamba
   D9+   *Gm7*
   Entrego a quem mereça usar
}

          Cm7
Eu vou ficar
F7   *Bb*
No meio do povo espiando
Bb7M   *G7*   *Cm7*
Minha escola, perdendo ou ganhando
                  G5+
F13   *Bb7M*   *9-*
Mais um carnaval

Bis {
   Cm   *Am*
   Antes de me despedir
   D7   *D9-*   *Gm*
   Deixo ao sambista mais novo
   Eb7   *D7* *Gm* *G7*
   O meu pedido final
}

2ª vez:

          D7   *Am5-* *D7*
O meu pedido final

Ponto de Interrogação

Gonzaga Júnior

Em5- A9- Dm7 Dm7
C 4 susp C9 F7M Dm7 Dm9
Bm5- E9- Am7 D9-
Gm7 Gm/F Em5- A 5+ 7
Em5- A7 Dm9 Dm7 Dm9
C 4 susp C9 F7M F 9 7M D9+ D9- D9+

TOM — FÁ MAIOR
F   C7   F

Introdução: Gm7 $\overset{Bb}{C}$ C9-   F $\overset{Db}{Eb}$ Dm11

$\overset{Em5-}{\text{Por acaso, algum dia,}}$ $\overset{A7}{\text{você se importou}}$
$\overset{Dm7}{\text{Em saber se ela tinha}}$ $\overset{Dm9}{\text{vontade ou não?}}$
$\overset{Gm7}{\text{E se tinha e transou,}}$ $\overset{C7}{\text{você tem a certeza}}$
$\overset{F7M}{\text{De que foi}}$ $\overset{F7M}{\text{uma coisa maior}}$ $\overset{C}{\text{para}}$ $\overset{F7M}{\text{dois?}}$

$\overset{F7M}{\text{Você leu}}$ $\overset{Bm7}{\text{em seu rosto}}$
$\overset{E9-}{\text{O gosto, o fogo, o gozo}}$ $\overset{Am7}{\text{da}}$ $\overset{Am9}{\text{festa?}}$
$\overset{D9+}{\text{E deixou que ela}}$ $\overset{Gm7}{\text{visse em você}}$
$\overset{Gm}{\underset{F}{\text{Toda a dor}}}$ do infinito $\overset{Em5+}{\underset{}{\text{}}}\overset{A}{\text{prazer?}}$
$\overset{A9}{\text{E se ela}}$ $\overset{Em5-}{\text{deseja e você}}$ $\overset{A9-}{\text{não deseja}}$
$\overset{Dm7}{\text{Você nega, alega cansaço ou vira do lado?}}$
$\overset{4}{\underset{Csusp}{\text{Ou se deixa}}}$ $\overset{}{\underset{C9}{\text{levar na rotina}}}$
$\overset{F7M}{\text{Tal qual um menino}}$
$\overset{Dm7}{\text{Tão só no antigo}}$ $\overset{Dm9}{\text{banheiro}}$
$\overset{Bm5-}{\text{Folheando revistas,}}$ $\overset{E9}{\text{comendo as figuras}}$
$\overset{Am7}{\text{As cores das fotos te dando a}}$ $\overset{D9-}{\text{completa emoção}}$
$\overset{Gm7}{\text{São perguntas tão tolas}}$ $\overset{Gm7}{\text{de uma pessoa}}$
$\overset{Em5-}{\text{Não ligue, não ouça,}}$ $\overset{A7}{\text{são pontos de interrogação}}$

$\overset{Em5-}{\text{E depois desses anos,}}$ $\overset{A7}{\text{no escuro do quarto}}$
$\overset{Dm9}{\text{Quem te diz}}$ $\overset{Dm7}{\text{que não é só o vício}}$ $\overset{Dm9}{\text{da obrigação}}$
$\overset{4}{\underset{Csusp}{\text{Pois com a}}}$ outra $\overset{}{\underset{C9}{\text{você faz tudo}}}$
$\overset{F7M}{\text{Lembrando daquela}}$ $\overset{F\overset{9}{7}M}{\text{tão santa}}$
$\overset{D9+}{\text{Que é}}$ $\overset{D9-}{\text{dona do teu}}$ $\overset{D9+}{\text{coração}}$

Bis {
$\overset{Gm7}{\text{Eu preciso é ter}}$ $\overset{Bbm7}{\text{conciência}}$
$\overset{Bbm6}{\text{Do que eu}}$ $\overset{F7M}{\text{represento}}$
$\overset{Am7}{\text{Nesse exato momento}}$
$\overset{D9-}{\underset{}{\text{No}}}$ $\overset{A}{\text{exato}}$ $\overset{Gm7}{\text{instante}}$
$\overset{Bb}{\underset{C}{\text{Na cama, na lama, na grama}}}$
$\overset{C9-}{\text{Em que eu tenho}}$ $\overset{F7M}{\text{uma vida inteira}}$
$\overset{Ab13\ Db7M\ GB13\ F7M}{\text{Nas mãos}}$
}

Mágoas de Caboclo

(Cabocla)

Canção

J. Cascata
e Leonel Azevedo

TOM — LÁ MENOR
Am   E7   Am

Introdução: Dm   Dm6   Am7   G   Bb   E7   Am   E7
                                  Am

Am   F7M   Am
Cabocla seu olhar   está dizendo
  Gm7   F7
Que você   está me querendo
            Gm
       Bb   A7
Que você gosta de mim
  Dm   Am
Cabocla não lhe dou meu coração
            B7
Você hoje me quer muito
  E   Am   Am7
Amanhã não quer mais não.
   B7   E7   Am
Não creio mais em amor nem amizade
   F7   Bm5-
Vivo só para a saudade
              Gm
       E7   Bb   A7
Que o passado me deixou
  Dm7   Dm6   Am
A vida para mim não vale nada
                  Bb
Desde o dia em que a malvada
     E7   Am
O coração me estraçalhou

Am   F7M   Am7
Às vezes pela estrada enluarada
  Gm7   F7
Julgo ouvir   uma toada
            Gm
       Bb   A7
Que ela para mim cantava
  Dm7   Am7
Quando eu era feliz e não pensava
            B7
Que a desgraça em minha porta
  E7   Am   Am7
Passo a passo me rondava.
   B7   E7   Am
Depois que ela partiu eu fiquei triste
   F7   Bm5-
Nada mais no mundo existe
              Gm
       E7   Bb   A7
Vivo no mundo a penar
  Dm   Dm6   Am
E quando penso nela oh! Grande Deus
                  Bb
Eu sinto dos olhos meus
     E7   Am
Triste lágrima a rolar

Bem-te-vi atrevido

Chorinho

Lina Pesce

185

As curvas da estrada de Santos

Roberto Carlos
e Erasmo Carlos

187

Rep. ad-lib.

TOM — FÁ MAIOR
F   C7   F

Introdução: Gm7   C7   F

   F   F
   Se você pretende
       Am7
   Saber quem eu sou
D7   Gm
   Eu posso lhe dizer
C7   F
   Entre no meu carro
      Dm
   Na estrada de Santos
Dm7   Cm7 F13
   E você vai me conhecer
Bb   Bbm7
   Você vai pensar que eu
      Bbm6   F
   Não gosto nem mesmo de mim
Dm7   Bb7
   E que na minha idade
    G7
   Só a velocidade
        Gm
      Gm7 Bb
   Anda junto à mim
C7   F
   Só ando sózinho
Gm7   Am7
   E no meu caminho
D7   Gm7
   O tempo é cada vez menor
C7   F
   Preciso de ajuda
    Dm7
   Por favor me acuda
     Cm7 F7
   Eu vivo muito só
Bb   Bbm6
   Se acaso numa curva
       F
   Eu me lembro do meu mundo
Dm7   Gm7
   Eu piso mais fundo
      Dm
   Corrijo num segundo
G7   Gm7
   Não posso parar

Bis {

C7   F
   Eu prefiro as curvas
Gm7   Am7
   Da estrada de Santos
D7   Gm
   Onde eu tento esquecer
Bbm6   F
   Um amor que eu tive
    Dm7
   E vi pelo espelho
      Cm F7
   Na distância se perder
Bb   Bbm6
   Mas se o amor que eu perdi
   C7   Am7
   Eu novamente encontrar
D7   G7 G13
   As curvas se acabam
G7   Gm
   E na estrada de Santos
C7   F
   Não vou mais passar
C7   F
   Não, não vou mais passar...

Morena dos olhos d'água

Samba-Canção

Chico Buarque de Hollanda

TOM — SOL MAIOR
G   D7   G

Introdução: Gm   F   Ĝm   Em5-   Eb7M   Bm7

    E7   E9-   Am7
Morena   dos olhos d'água
  Bb7   Eb7M
Tira os seus olhos do mar
D9 G7M   Em9   A7
Vem ver que a vida ainda vale
          Am5-
O sorriso que eu tenho
D7   G   C7M
Prá lhe dar
  G7M   Cm7
Descansa em meu pobre peito
 A#º C#º   D7
Que jamais enfrenta o mar
            Gm
    Gm F   Em5-
Mas que tem abraço estreito, morena
  Eb9   Eb7 Am4
Com jeito de lhe agradar
D7   G7   Cm
Vem ouvir lindas histórias
  A#º A9-   Am5-
Que por seu amor sonhei
            Gm
D7   Gm F   Em5-
Vem saber quantas vitórias, morena
  Eb7M   Bm7
Por mares que só eu sei
   E7 E9-   Am7
Morena   dos olhos d'água, etc.

  G7M   Cm7
O seu homem foi-se embora
  A#º C#º   D7
Prometendo voltar já
           Gm
   Gm F Em5-
Mas as ondas não têm hora
 Eb9 Eb7   Am4
De partir ou de voltar
D7   G7   Cm
Passa a vela e vai-se embora
  A#º A9-   Am5-
Passa o tempo e vai também
           Gm
D7   Gm F   Em5-
Mas o seu canto ainda lhe implora,
  Eb7M   Bm7
Morena, agora, morena, vem

Caboclo do Rio

Toada

Babi de Oliveira

TOM — SOL MAIOR
G D7 G

Introdução: G D7 G Bm Am7 D7

    D7 G Am
    Ê ô ê ô
    D7   G   D7   G
Caboclo do rio meu barco amarrou

  Em7   Am7 D7 G
Caboclo do rio   chegou
  D7   G D7 G
  Ê   ô ê ô
G
Contra o remeiro tristonho   Cm
    Cm7   Gm Cm
Que nas noites de luar
    D7   Cm
Surgindo como num sonho
               D7 G
O barco ele faz parar.

    D7   G   D7   G
Caboclo, tem compaixão
       Em7   Am7
Deixa o barco sossegado
       D7   G
Vem prender meu coração
    D7   G   D7   G
Caboclo, tem, compaixão,
         D7   G
Deixa o barco sossegado
       E7   Am
Vem prender meu coração
  D7   E7   Am7
Que vive como um veleiro
               D7
Perdido, sem timoneiro
     G   D7   G
Sem rumo, sem direção
  D7 G D7 G
  Ê ô ê ô
    D7   G   Em7   Am
Caboclo do rio meu barco amarrou
    D7   G D7 G
Caboclo do rio chegou
  D7 G D7 G
  Ê ô ê ô

Sorris da minha dor

Valsa

Letra e Música
de Paulo Medeiros

195

TOM — LÁ MENOR
Am   E7   Am

Introdução: Am9 B7 E7 Bm5- E7

     Am   F7M Am7   F#m5- B7
Sorris da minha dor, mas eu te quero ainda,
     G#°   E7   Bb7M E7 E9
Sentindo-me feliz, sonhando-te mais linda
     Am   F7M Am9   Em7 C7
Escravo eterno teu   farei o que quizeres
B7   F#dm   G7M E9-
Tens, para mim, a alma   eterna das mulheres
     Am   F7M Am7   F#m5- B7
No meu jardim viceja   a flor da esperança
   G#dm   E7   Bb7 A7
Meu pranto é meu amigo e a minha fé não cansa,
                      Dm
   Dm   F   Am7
Na rima dos meus versos   cheios de saudade,
   F7M   B7   E7   Am7 Am9 Dm9
És a flor, que se abriu para o meu amor

A   F#7 F#9-   B7
Aos teus braços, querida, ainda um dia,
D
E   E9-   A D9
Terei o teu amor e os teus carinhos...
       6
A9   C#m4   A#dm Bm7
E os dois aureolados de alegria,
E7   Bm7   E7   F#dm A7M
Seremos um casal de passarinhos...
A   F#7   B7
Tranquilos e felizes, sonharemos
D
E   E9-   C#m7 F#m
Uma porção de sonhos venturosos...
D   Dm   A6
E   E   9
E aos beijos de eterna felicidade
  F#7   Bm
Há de ser a nossa vida
          9
E7   A6
Um rosal de anciedades.

Borandá

Samba

Edú Lobo

Am7 D7 F 7M Em Am D/E
Am7 G Am G G7 Am Am
E9- Am D7 Am7 Dm7 E7
Côro
Am Am7 Em7 Am D Am Am7
Bm7 E7 Am/C Am7 D F 7M Em7 Am D7
Ad. lib. Lento
Am9 Am/G Dm/F F7 Eb7M

TOM — LÁ MENOR
Am   E7   Am

Introdução: Dm E7 Am Am7 Em7 Am D7 F7M Em7

Côro:
     Dm   E7   Am
  Deve ser que eu rezo baixo
  Am7   Em7   Am
  (Pois meu Deus não ouve não)

      D7   F7M
  É melhor partir lembrando
    Em7   Am
  (Que ver tudo piorar)

Voz:
     D7
  Borandá, que a terra
    Am   Bm7
  Já secou, borandá
Bis E9- Am7   D7
  É borandá, que a chuva
               D
    F7M   Em Am E
  Não chegou, borandá

II

     G   Am
  Quanto mais eu vou prá longe
    G   G7   Am
  Mais eu penso sem parar
Bis Am7   E9-   Am7
  Que é melhor partir chorando
      D7   Am
  Que ver tudo piorar

 Am7   D7 Am7   D7
  Borandá,   borandá

  Vem borandá

II

 Am7   G   Am7
  Já fiz mais de mil promessas
     G   C7 Am
  Rezei tanta oração
 Am7   E9-   Am7
  Deve ser que eu rezo baixo
     D7   Am7
  Pois meu Deus não ouve não
    Dm7   E7   Am
  Deve ser que eu rezo baixo
 Am7   Em7   Am
  Pois meu Deus não ouve não

Côro:
    D7
  Borandá, que a terra
    Am   Am7 Bm7
  Já secou, borandá
 E9-   D7
  É borandá, que a chuva
   F7M   Em7 Am7
Voz: Não chegou, borandá
           Am
 Am9   G   Dm   F7
  Vou em embora   vou chorando
 Eb7M   Dm5- Bm5-
  Vou me lembrando
         E9-
  Do meu lugar

(Volta ao côro:)

Acalanto

Canção para ninar

Dorival Caymmi

TOM — FÁ MAIOR
F   C7   F

Introdução: F F⁶ F7M Bb C7 F C7 F C7 Bb7M C7 F C7
                                F F

   F   F5+ F6
   É tão tarde
        ⁴
   Csusp   C7   F   Fsusp F7
   A   manhã já vem
   Bb Bb5+   Bb6
   T o d o s   dormem
     ⁴
   Fsusp   F9   Bb
   A   noite também,
   C7   Bb7M
   Só eu velo
   Em5- A7   Dm Bbm6
   Por você meu bem
   F   A7   Dm
   Dorme anjo
    G7   Gm7
   O boi pega nenem.
   F   F5+ F6
   Lá no céu
   Bb   C7   F
   deixam de cantar

Bb   Bb5+Bb6   Bb7
Os a n j i n h o s
Eb
 G   F7   Bb   Bb7M
Foram se deitar,
C7   F7M Bb7M
Mamãezinha
    Em5-A5+   Dm Bbm6
Precisa descansar,
F A7 Dm
Dorme anjo
  G7   Gm C7
Papai vai lhe ninar.
F   Bbm7 F
Boi, boi,   boi,
        Bb
F   C C7
Boi da cara preta
C
Bb   C7
Pegue essa menina
                 Bb6 Bbm6 F
                F F° F F
Que tem medo de careta

Acorda, Maria Bonita

(Se eu soubesse)

Marcha

Antônio dos Santos
(Volta Seca)

TOM — Mib MAIOR
Eb Bb7 Eb

Introdução: *Eb Bb7 Eb Fm Bb7 Eb Ab*

Bis
{
            Ab
  Eb   *Bb Eb*
Acorda, Maria Bonita
  Eb   *Eb7*   *Ab*
Levanta vai fazer o café
   Fm   *Bb7*   *Eb*
Que o dia já vem raiando
   Fm   *Bb7*   *Eb Ab*
E a polícia já está em pé
}

                  Eb
2.ª vez: pé

Fm   *Bb7*   *Eb*
Se eu soubesse que chorando
  Ab   *Bb7 Eb*
Empato a tua viagem,
                   Cm
Ab   *Bb7*   *Cm Bb*
Meus olhos eram dois rios
Fm   *Bb7*   *Eb*
Que não te davam passagem,

Fm   *Bb7*   *Eb*
Cabelos pretos anelados,
Ab   *Bb7*   *Eb*
Olhos castanhos delicados
Ab   *Bb7*   *Eb*
Quem não ama a côr morena
Fm   *Bb7*   *Eb*
Morre cego e não vê nada.

Ave Maria

Valsa Serenata

Erotides de Campos

TOM — MI MENOR
Em   B7   Em

Introdução: Am   F#m⁵⁻   Em7   D   F#7   B7   Em
                                    Em

1ª parte

```
        Em       C11+  B7    Em E7      Am   Bm5+E7    Am
Cai a tarde tristonha  e s e r e n a, em macio e suave   langor,
                                              Am
        C7    F#m5- B7  Em      Am     G       F#m7  B7
Despertando no meu coração a saudade do primeiro amor!
        Em       C11+ B7   Em E7      Am    Bm5-E7    Am
Um gemido se esvai  lá no e s p a ç o, nesta hora de lenta   agonia
                                              Am
        C7    F#m5- B7  Em      Am     G        Em
Quando o sino saudoso murmura badaladas da "Ave Maria"!
```

2ª parte

```
Am7     D7           Bm7    Em7      Am7   D7        G
Sino que tange com mágoa dorida, recordando sonhos da aurora da vida
        Bm5-    E7       Am7  F#m5- B7 Em B7     Em
Dai-me ao coração paz e harmonia, na prece   da "Ave Maria"!

    Em       C11+
Cai a tarde tristonha, etc.
```

3ª parte

```
     E   B7     E7M A7M    C7      B7      Em    F#m7
No alto do c a m p a n á r i o uma cruz simboliza o passado
                                      D
B7    Bm7  E7      Am7          C     C7M B7      Em
De um amor que já morreu, deixando um coração amargurado
     E    B7      E7M  A7M    C7    B7      Em F#m7
Lá no infinito  a z u l a d o  uma estrela formosa irradia
                                      D
B7    Bm7  E7      Am7          C     C7M B7      Em
A   mensagem do meu passado quando o sino tange "Ave Maria"
    Em       C11+
Cai a tarde tristonha, etc.
```

A Fonte Secou

Samba

Monsueto C. Menezes
Tuffy Lauar e Marcleo

TOM — Mib MAIOR
Eb Bb7 Eb

Introdução: Ab7M Bb13 Ab7M Eb7M

Bis {
                Fm7
       Eu não sou água
  Bb7   Abm7
       Pra me tratares assim
  Db9   G13
       Só na hora da sede
  C9 C9+ F13   Bb9-
       É que procuras por mim
  Eb7M Ab7M Eb
       A fonte secou
         Bb7 Bbm4   Ab7
       Quero dizer que entre nós
  Bb7   Eb AbM Gm7
       Tudo acabou
}

              Eb7M
Fm7 Bb7   Bb   Eb7
Teu egoísmo me libertou
Cm7   Ab7M   G13 G5+
Não deves mais me procurar
              Gm
Ab-M   D7   Eb
A fonte do meu amor secou
Cm7   F7
Mas os teus olhos
    F7   Fm7 Bb7
Nunca mais hão de secar,

(Voltar ao princípio, para terminar)
        Eb7M
Bb7 Eb Abdm Eb7M
Tudo acabou

Foi um rio que passou em minha vida

Samba-Enrêdo

Letra e Música
Paulinho da Viola

1
Cm
E♭7M
B♭7M Dm7
G7
Cm
F7
Fm/A♭
2
G7
F7
B♭
E♭7M
B♭
E♭7M
B♭
F7
B♭
B♭6
A0
Gm/B♭
Gm7
C7
Cm7
F7
B♭
E♭7M
B♭
E♭7M
B♭
Dm7
Cm
B♭7M
Cm7
B♭
E♭7M
B♭/D
G7
Cm
G5+
Cm7

Cm/Eb Cm7 G5+ Cm7 Cm F7
Cm7 F7 Bb Eb7M Bb
Dm7 G7 Cm F7 Bb Eb7M
Bb6/9 Bb7M Gm7 Cm7 F7
Dm7 Cm7 F7 Bb Bb7M Eb7M Bb7M
Eb7M Dm7 G7 Cm7 G7 Eb7M

TOM — Sib MAIOR
Bb   F7   Bb

Introdução: Bb Eb7M Dm7 Gm7 Cm7 F7 Bb Gm7 Cm7 F7

```
        Bb  Eb      Bb      Cm7 F7
        Se      um dia
Dm           Db°           Cm7
        Meu coração for consultado
               G7           Cm7
        Para saber se andou errado
 F7         Cm7 F7  Bb Gm7  F7
        Será difícil negar
Bb7M          Eb7           Dm7 Cm7
        Meu coração tem mania de amor
 F7   Bb   Bb7M    G7    Eb7M  Dm7 Cm7
        Amor não   é fácil de achar.
        Cm                Eb
        A marca dos meus desenganos
         Bb7M   Dm7  G7
        Ficou,    f i c o u    Fm
Cm          F7         Ab   G7
        Só um amor pode apagar.
```

(**Para terminar** Bb)

```
        Bb    Eb7M       Bb
        Porém,  ah!   porém
              F7      Bb
        Há um caso diferente   Gm
Bb6       A°          Bb    Gm7
        Que marcou num breve tempo
              C7          Cm
        Meu coração para sempre
        F7     Bb      Eb7
        Era dia de carnaval
 Bb        EbM        Bb Dm7    Cm
        Eu carregava uma t r i s t e z a
Bb7M         Cm7            Bb
        Não pensava em novo amor
                  Bb
              C       G7     Cm7
        Quando alguém que não me lembro
        Cm7
        Anunciou
                Cm
G5+     Cm7     Eb   Cm7   G5+
        Portela! Portela!
```

```
     Cm7          Cm         F7
        O samba trazendo alvorada
Cm7         F7        Bb    Eb7
        Meu coração conquistou
            Bb      G7   Cm
        Ah! minha Portela
                F7      Bb   Eb7M
        Quando vi você passar
            Bb9        Bb7M      Gm7 Cm7
        Senti 6  meu coração     apressado
        Cm7              F7
        Todo meu corpo tomado
                     Dm7   Cm7
        Minha alegria voltar
    F7     Bb    Bb7M    Eb7         Bb7M
        Não posso d e f i n i r aquele azul
Eb7         Dm7        Cm7    G7  Eb7M
        Não era do céu, nem era do mar.
           Ab7       Bb          G7
        Foi um rio  que passou em minha vida
Cm          F7       Bb    Bb6
        E meu coração se deixou levar.   Fm7  Bb7  Eb7M
                                    7M
           Ab7       Bb          G7
        Foi um rio  que passou em minha vida
Cm          F7       Bb    Bb6
        E meu coração se deixou levar.   Fm7  Bb7  Eb7M
                                    7M
```

(**Para terminar** Bb)

Ave Maria

Samba-Canção

Vicente Paiva
e Jayme Redondo

TOM — SOL MAIOR
G   D7   G

Introdução: C A D G Bm7 E7
               G A A

       E7   Am7
      Ave Maria
Am7 D7   G7M
    Dos seus andores
Em7   Am7
   Rogai por nós
 D7   G7M C7M
  Os p e c a d o r e s
    F#m5-   B7
  Abençoai   desta terra morena
           Em
  Seus rios, seus campos
         Em
  E as noites serenas,
   A7
  Abençoai as cascatas
    C7   Am7   D7
  E as borboletas que enfeitam as matas

    E7   Am7
  Ave Maria
C
D D7   G
  Cremos em vós
G Em   Am7 D7
  Virgem Maria
       7M
    G5+ Dm7
  Rogai por nós
G7   C7M   F7
  Ouvi preces murmúrio de luz
         G7M
  Que os céus ascendem
      Bm7 E7   Am7
  E o vento conduz, conduz a vós
      D7
  Virgem Maria

         G   G7M A Cm C   G
  Rogai por nós.   G G G

Balanço Zona Sul

Letra e Música
de Tito Madi

TOM — DÓ MAIOR
C   G7   C

Introdução: C   A9-   Dm   G7   C   A5+   G5+G13   C

    C7M   F7M
  Balança toda pra andar,
    C7M F7M
  Balança até pra falar,
    C7M Dm7   Em Dm7 Gm7
  Balança tanto que já balançou meu coração,
C7 F#m5-   F7M
  Balance mesmo que é bom
    C
    E Am7
  Do Leme até o Leblon
   Am9   D7
  E vai juntando um punhado de gente
   D7   F
  A Dm7 G
  Que sofre com seu andar

  G13   C7M   Dm7
  Mas, ande bem devagar
    Em   F7M
  Que é pra não se cansar,
    Em
  Vai caminhando
   Dm C7M   Gm7
  Balance, balançando sem parar
C7 F#m5- Fm7
  Balance os cabelos seus
F
G Em7   Am7
  Balance, cai, mas não cai
  D7
  E se cair,
    F   Fm
G   G7 Ab C7M
  Vai caindo, caindo nos braços meus.

Fim de caso

Samba-Canção

Letra e Música
de Dolores Duran

TOM — FÁ MAIOR
F   C7   F

Introdução: $\frac{Bb}{C}$ C9- F C13

          F7M
    Eu desconfio
Gm7
          Am7   D7   Gm
    Que o nosso caso está na hora de acabar
Gm
  F   Em5-   A7   Dm
    Há um adeus em cada gesto em cada olhar
Dm   G7
  C   B   G13   Gm7
    Mas nós não temos é coragem de falar
C13   F7M   Eb7   D7   Gm
    Nós já tivemos a nossa fase de carinho apaixonado
Gm
  F   Em5-   A7   Dm
    De fazer versos, de viver sempre abraçados
       G7   C7 Cm7
    Naquela base de só vou se você for

                                          Bb
F9-   Bb Bb7M   C   C7   F7M
    Mas de repente   fomos ficando cada dia mais sozinhos
                                                  4
Bb7M   Am7   Dm9   Gsusp
    Embora juntos cada qual tem seu caminho
                                    Bb
        G7   Gm7 C
    E já não temos vontade de brigar
C13   F7M Gm7   Am7   D9-   Gm
    Tenho pensado   e Deus permita que eu esteja errado
Gm
  F   Em5-   A7   Dm
    Mas eu estou, estou desconfiado
Dm7   Gm7   C9-   F   Gm7 C13
    Que o nosso caso está na hora de acabar

2ª vez, para terminar:

    Gm   C9-   Am5 D7
    Que o nosso caso está na hora de acabar
                                   9
    Gm   C9-   F11+
    Que o nosso caso está na hora de acabar

Velho Realejo

Valsa

Letra de
Sadi Cabral

Música
Custódio Mesquita

© Copyright 1943 by Irmãos Vitale S.A. Ind. e Com. São Paulo - Rio de Janeiro - Brasil
Todos os direitos autorais reservados - All rights reserved.

TOM — SOL MENOR
Gm   D7   Gm

Introdução: Gm   Am7   D7   Gm   Am7   D7

    Gm   Em5-A7
Naquele bairro afasta—do
Cm   Gm
Eb   D7   Gm Bb
Onde em criança vivi—as
   Dm5- G7   C7
A remoer melodias
    Cm7   F7   Bb7M D9-
De uma ternura sem par,
               Gm
  Gm   F   Em5- A7
Passava todas as tar—des
Cm   Gm
Eb   D7   Gm Bb
Um realejo risonho...
             Cm
 Dm5- G7   E D7
Passava como num sonho
Gm7 D7   Gm
O realejo a cantar...

D7 G C9-   G
Depois   tu partiste
C7   G
Ficou triste
             Am7
Em7 Am7   D
A rua deserta;
  D7   Am   D7
Na tarde fria e calma
Am7   D7   Bm7 Am7
Ouço ainda o realejo a tocar.
 Dm7 G7   C
Ficou   a saudade
  Cm   G
Comigo a morar...
C7M   G7M   Em9   Bm7
Tu cantas alegre e o relejo
  Am7   G7M
Parece que chora
   D7   G D7 G
Com pena de ti.

Agora, ninguém chora mais

Samba

Jorge Ben

F7 F/G Cm F7 Cm Cm7
Fm G7 Cm Cm/B♭ A♭7M G7 Cm F7 Cm Cm7
Fm7 Dm7 G7 Cm F7 1. Cm Cm7 2. Cm F7
Cm Cm7 Dm7 G7 Cm F7 1. Cm F7 2. Cm
Cm7 F7 Cm F7 Cm F7 Cm F7 Cm F7
Fm G7 Cm Cm/B♭ A♭ Gm/B♭ A♭7M F7 1. Cm F7 2. Cm

TOM — DÓ MENOR
Cm   G7   Cm

Introdução: Cm   F7   Cm   F7   Cm7   Fm   Cm

         Cm7
Chorava todo mundo
   Dm7   G7   Cm
Mas agora ninguém chora mais
  F7   Cm
Chora mais, chora mais
     Ab7M
Chorava todo mundo
   Dm7   G7   Cm   F7 Cm
Mas agora ninguém chora mais
F7   Fm
Chora mais ô ô ô ô
              Cm
G7   Cm   Bb Ab7M G7   Cm Bb Ab7M
Chorava mãe,   chorava pai
 G7   Cm
Na hora da partida
F7   Cm   F7   Cm
Mas era uma beleza envês de tristeza
Ab7M   F7   Cm   F7
Mas era uma beleza envês de tristeza
                  Cm
Cm Fm G7   Cm Bb Ab7m G7   Cm F7 Cm
Ô ô ô ô   chorava mãe,   chorava pai.

     Cm7   Fm7
Chorava todo mundo
   Dm7   G7   Cm
Mas agora ninguém chora mais
  F7   Cm
Chora mais, chora mais
    F7   Cm
Pois o menino voltou
Cm7   Dm7   G7   Cm
Voltou homem, voltou doutor
   Cm   F7   Cm
Menino que é bom não cai
F7   Cm   F7
Pois já nasceu com a estrêla
   Cm   F7
E tem sempre a mente sã
   Cm   F7
Menino que é bom não cai
                         Cm   Gm
  Fm   G7   Cm Bb   Ab   Bb Ab7M F7 Cm
Pois é protegido de Iansã

     Cm7   Fm7
Chorava todo o mundo, etc.

Dora

Samba

Dorival Caymmi

Gm7 F#m7 Fm7 B11+ Bb4 susp Bb7
Eb5+ Eb6 Bb/C Fm7 Bb7 Eb Eb7M Eb6
Ab/Bb Bb13 Gm7 Fm9 Bb7 Eb Fm9 Gm7 C9-
Fm7 Eb7M Cm Cm9 F13 B11+ F13
Bb7 Eb Ab7M Eb7M Fm Bb7 Bb13
Ab7 Gm7 Fm7 Eb7M Db/Eb Bbm7 Eb7

TOM — Mib MAIOR
Eb   Bb7   Eb

Introdução: Eb Cm7 Fm Bb7 Eb C7 Fm Bb7 Eb Bb7 Eb

    Eb   Ab7M   Adm
Dora, rainha   do frevo
     Bb   B11+   F13
E do maracatú,
Bb7   Fm
Dora, rainha cafuza
      Bb7   Bb5+ Eb6 Bb9-
De um maracatu.
    Gm7
Te conheci no Recife,
  F#m7   Fm7 B11+
Dos rios   cortados de pontes,
                              Bb
         Bbsus Bb7   Eb5+ EB6 C
Dos bairros, das   fontes coloniais,
Fm7 Bb7   Eb Eb7 Eb6
Dora,   chamei,,
  Ab
Bb Bb13 Gm7 Fm9 Bb7
Ó Dora!... ó Dora!
  Eb   Fm9
Eu vim à cidade
    Gm7 C9-   Fm7 Eb7M
Prá ver você passar,
  Cm Cm9 F13
Ó Dora...

  B11+ F13   Bb7
Agora   no meu pensamento
             Eb   Eb7M
Eu te vejo requebrando,
   Ab7+ Eb7M Fm   Bb7 Bb13
Prá cá,   ora prá lá
Ab7   Gm7 Fm7
— Meu bem!...
         Db
Eb7M Eb   Bbm7 Eb7
Os clarins da banda militar,
Bbm   Eb7
Eb   Bbm7 Bb Ab5+ Ab6 Db7M
Tocam para anunciar,
Ab7M   Abm6   Abm6   Abm7
— Sua Dora, agora vai passar.
Db7   Abm7   Gb7M Gb6 Fm7
Venham ver o que é bom,
     Ab
Bb   Bb7
Ó Dora, rainha do frêvo
     Gm7 Gm9 Cm7
E do maracatú,
  Fm
Ab   Abm6
Ó... ninguém requebra, nem dança,
      Eb Fm7 Eb
Melhor do que tu!

Dia de Graça

Samba

Candeia

Am7 D7
G7M
G9/6
D7/A
D7
G
G6/9
G7
Dm7
Dm9
G7
C
C7M
Cm
Cm/B♭
Gm/B♭
Am5-
A♭7M
Am7
C/D
D7
G
C9
G6/9
G7M
Am7
D7
G
G9/7M
Em7
Am7
D7
1.
G
Em7
2.
G
Em7
C/D
Gm
Cm7

Gm7
Am5-
D7
Gm
Gm
Cm4
F7
B♭7M
Em5-
A7
D7
E♭
E♭7M
Cm7
Gm7
G7
Cm7
D7
D7/C
D7
G5+ 7
E♭
Cm7
Gm
Gm7
Am5-
D7
D7/A
D7
Gm7
D4 susp
D7

TOM — SOL MAIOR
G   D7   G

Introdução: C Am7 D7 G6/9 Em7 DSUS

    G7M   D7   G
Hoje é manhã de carnaval
        Dm
      G C7M
Há o esplendor
       Dm7   G7 Am7   C7M
As escolas vão desfilar   garbosamente
      Gm
Cm   Bb   Am5-
Aquela gente de cor
Ab7M   Am4
Com a imponência de um rei
   D7   G
Vai pisar na passarela
Em7   Am7 D7
Salve! a Portela
      9   D7
G7M G6   A   D7 G
Vamos esquecer os desenganos
   G7
Que passamos
Dm7 Dm9 G9   C
Viver alegria que sonhamos
     C7M
Durante o ano
         Gm
CM   Bb Am5-
Damos o nosso coração
Ab7M   Am7
Alegria e amor
   C   6
D   D7 G C9 C9
A todos sem distinção de côr
       G7M   Am7 D7
Bis { Mas depois da ilusão
       6
     G G9 Em7 Am
Bis { Coitado   nego volta
     D7   D7 G Em
Ao humilde barracão

2ª vez:
               C
D7   G Em7 D
Ao humilde barracão

  Gm   Cm   Gm7 Am5-
Nego acorda é hora de acordar
        D7
Não negue a raça
    Gm
Tome toda manhã
    Gm
Dia de graça
Cm4   F7
Nêgo não humilhe
    Bb7
Nem se humilhe a ninguém
    Em5-
Tôdas as raças
  A7   D7
Já foram escravas também
Eb Eb7M Cm7   Gm7
Deixe de ser rei só de folia
G7   Cm7
Faça da tua Maria
            5
  D7   G7+
Uma rainha todos dias
Eb   Cm7   Gm
Cante um samba na universidade
Gm7 Am5-   D7
E verá que teu filho será
D7
A   D7 Gm Dsus D7
Príncipe de verdade

     G7M E7 Am7
Bis { Ai   então
     D7
Jamais tu voltarás
     G
Ao barracão

                D7
Breque: Ai então

Chove lá fora

Valsa Canção

Tito Madi

Lento

TOM — Sib MAIOR
Bb F7 Bb

Introdução: Cm7 F7 Dm7 Gm7 Cm F13 Bb Cm7

    Cm7   F13   Dm7
A noite está   tão fria
        Dbm7 Gb13
Chove lá fo——ra
BbM   Eb7M   Dm
E esta saudade enjoada
      Dm5- G7
Não vai embo——ra
Cm7   F7
Quisera compreender
     Bb7M Gm7
Por que partis——te
C7   C9
Quisera que soubesses
      Cm7 F13 F7 Bb
Como estou tris——te

            Eb7   Dm7
E a chuva conti———nua
          Dbm7 Gb13
Mais forte ain———da
     6
Bb9   Eb7   Dm7
Só Deus sabe dizer
       Dm5 G7
Como é infin——da
Cm7   F7
A dor de não saber
      Dm7
Saber... lá fora
      Gm7
Onde estás
     Cm7
Como estás
F7   Bb   Cm9 F9 Bb7M
Com quem estás agora...

Para terminar:

Eb   5-   Bb7M
F   F9 Bb7M Ebm7 9
Com quem estás agora... agora... hum

Chuá! Chuá!

Canção

Letra de
Ary Pavão

Música
Pedro de Sá Pereira

© Copyright 1954 by Rio Musical Ltda. - Rio de Janeiro - Brasil
Todos os direitos autorais reservados. All rights reserved.

TOM — SOL MAIOR
G   D7   G

Introdução: G   A7   D7   G   Eb   D   C   D7   G
                                  Cm G

I

Deixa a cidade formosa morena
    G   E7   Am

Linda pequena
  D7

E volta ao sertão
  G

Beber água da fonte que canta
  G   B   Em   Am

Que se levanta
  D7

No meio do chão
  G

Se tu nasceste cabocha cheirosa
  G   E9-   Am

Cheirando a rosa
  D7

Do peito da terra
  G G7

Volta prá vida serena da roça
  C   Cm   G

Daquela palhoça
  E9-   Am7

Do alto da serra.
  D7   G

II

A lua branca de luz prateada
  G   E7   Am7

Faz a jornada
  D7

No alto dos céus
  G

Como se fosse uma sombra altaneira
  G   B   Em   Am

Da cachoeira
  D7

Fazendo escarceos
  G

Quando esta luz lá na altura distante
  G   E9-   Am

Loira ofegante
  D7

No poente a cair
  G G7

Dá-me essa trova que o pinho descerra
  C   Cm   G

Que eu volto pra serra
  E9-   Am7

Que eu quero partir.
  D7   G

Estribilho:

Bis {

E a fonte a cantá
  D7

Chuá, chuá

E as água a corrê
  G

Chuê, chuê
  G7

Parece que alguém
  C

Que cheio de mágua
  Cm   G

Deixasse que há de
  Em   Am

Dizer a saudade
  D7   G

No meio das água
  D7

Rolando também
  G

}

Doce Veneno

Samba

Valzinho, Carlos Lentini
e Esperidião M. Goulart

TOM — RÉ MAIOR
D A7 D

Introdução: D7 Gm Bbm⁶ C9- F7M Gm C7 F Em7 A13

Bis
{
        D
Quanta dor,
        G7   C#7
Tão infeliz eu sou...
        Am7
Porque razão...
        Gm7 C7   F7M
Você vive a   me torturar,
        Bm7   E7   Am7
O meu sofrimento é infinito!
        D7   Bm7
Não suporto tanta dor,
        Dm9   Bm7   Bb7
Coração já, não existe em mim,
        Em7   A   D   D⁶/9
Ai! meu Deus!... Que amargor!...

(Para 2ª vez)

Gm7   C7   F7M
Oh! Doce Veneno você é meu querer,
    D#7   E7   Em9 A7
Você   entrou no meu sangue sem eu perceber...
    D7   Gm7   Bbm6
Oh! Quanto eu sou tão infeliz
    C9-   Am7
Em pensar sempre em você
    Dm7   Gm7   C7   F   Em7   A13
Eis a   razão   do meu sofrer!.

Eu agora sou feliz

Samba

Policarpo Costa (Mestre Gato)
e José Bispo

TOM — DÓ MAIOR
C   G7   C

Introdução: F   C7M   Am   Dm7   G5+   C

Bis
```
         F7M           Em7  Em9
         Eu agora sou feliz
   F7M        F7         C7M   A7
             Eu agora vivo em paz
   Dm7       G7        C7M
             Me abandona por favor
                  Am7            Dm
             Porque eu tenho um novo amor
              G7          C
             E eu não lhe quero mais
```

                          G7   C
Breque: (Eu agora sou feliz)
                               G7   C   F7M C7M
2.ª vez para terminar: E eu não lhe quero mais

```
   G7                      C
   Esquece que você já me pertenceu
   Am7        Dm
   Que já foi você...
   D7        G7    Em7
   Meu querido amor...
      Dm          G7    C        C7M
   Aquela velha amizade nossa já morreu
    6
   C9     D7         G7        C
          E agora quem não quer você sou eu
      G7       C
   Eu agora sou feliz...
```

                         G7   C
Breque: (Eu agora sou feliz)

Volta por cima

Samba

Paulo Vanzolini

TOM — LÁ MENOR
Am E7 Am

Introdução: F7 E7 Am7 Bm5- E7

      Am Bm7
Chorei
     E7   Am
Não procurei esconder
Todos viram

    Em5- A7
Fingi—ram
Em5-   *A7   Dm*
   Pena de mim não precisava
   G7
Ali onde eu Chorei
    C   F7M
Qualquer um chorava
Bm5-   *E7*
Dar volta por cima que eu dei
        Am
Quero ver quem dava

   Bm5-   *E7 E9-*
Um homem de moral
Am7
Não fica no chão
   Em5-   *A7*
Nem quer que mulher
Dm9   *Dm7*
Lhe venha dar a mão
       Bm5-
Reconhece a queda
Dm
E   *E7 Am7 Am9*
E não desanima
F9   *E7*
Levanta sacode a poeira
     Am E7 Am
E dá volta por cima

Castigo

Samba Canção

Dolores Duran

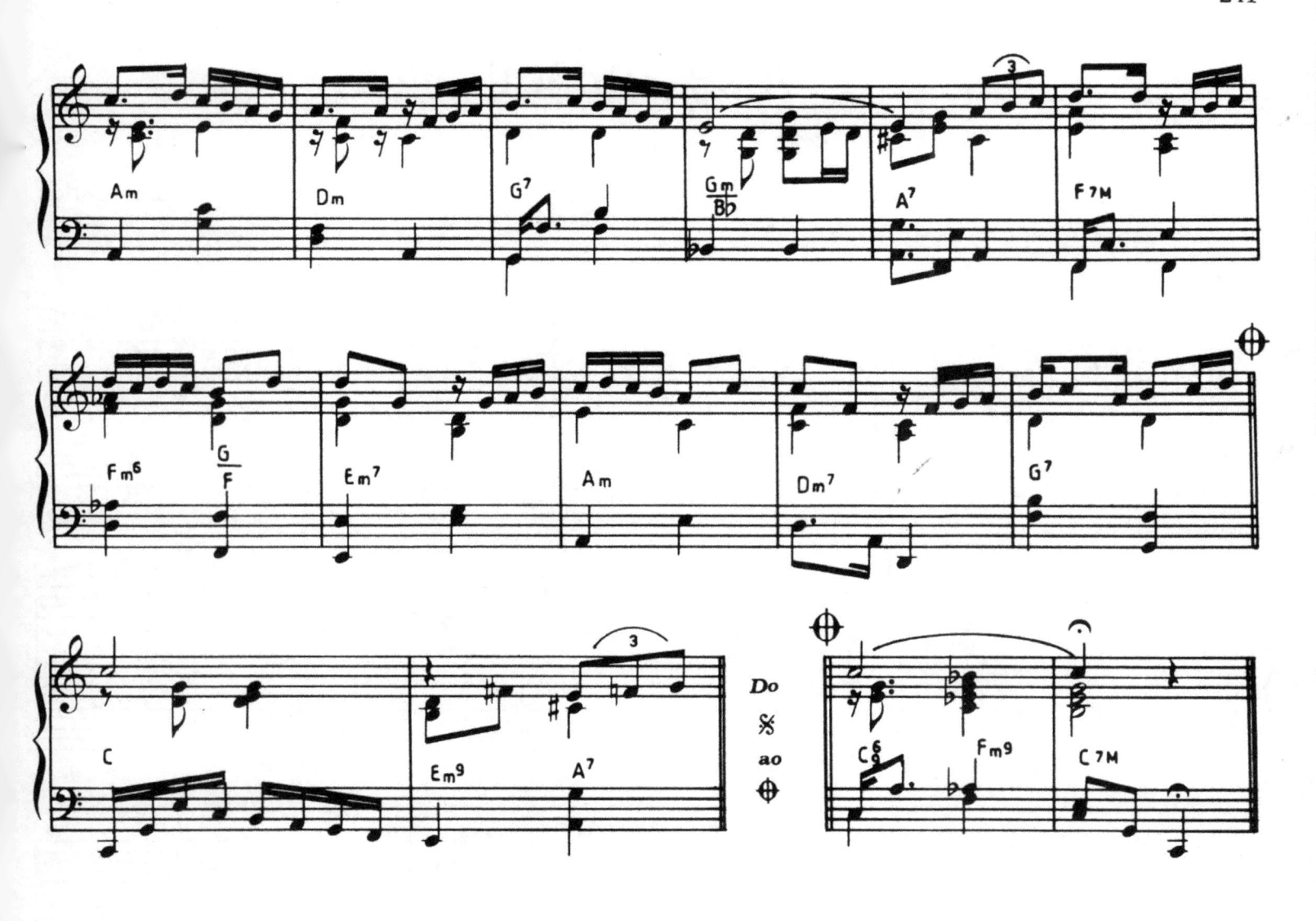

TOM — DÓ MAIOR
C   G7   C

Introdução: DM   F   C7M   Am9   G9   G7
                                    G

    F7M
  A gente briga,
     F
  G   *G13* *Em7*
  Diz tanta coisa que não quer dizer
     Am7   *Dm7*
  Briga pensando que não vai sofrer
     F9 *F13* *Bb7*
  Que não faz mal se tudo terminar
A7   *Dm7*
Um belo dia
Dm
C *Bm5-* *E7* *Am*
  A gente entende que ficou sozinho
    F#m5- *B7* *Em*
  Vem a vontade   de chorar baixinho
    F7M *F7*   *Em7*
  Vem o desejo triste de voltar

Em5- *A7*   *Dm*
  Você se lembra,
   F   *C7M*
  G
  Foi isso mesmo que se deu comigo
    Am   *Dm*
  Eu tive orgulho e tenho por castigo
        Gm
    G7   *G*
  A vida inteira prá me arrepender
A7 *F7M*
  Se eu soubesse
       G
  Fm6   *F* *Em7*
  Naquele dia o que eu sei agora
    Am   *Dm7*
  Eu não seria esta mulher que chora
   G7   *C* *Em9* *A7*
  Eu não teria perdido você
        6
     C9 *Fm9* *C7M*
  2ª vez para terminar: você

Você abusou

Samba

Antônio Carlos e Jocafi

TOM — FÁ MAIOR
F   C7   F

Introdução: F   E   Eb7   D7   Gm7   C   F   Gm7   C7
                 F   Bb

Bis
{
        F   E   Eb7
    Você abusou
    D7   Gm   Bm6   C7
    Tirou partido de mim abusou
         F   Am7   Am5-
    Tirou partido de mim abusou
    D7   Gm7   Db7   Gm   C7
    Tirou   partido de mim abusou
    C7   Fm7
    Mas não faz mal
}

             Bbm
É tão normal ter desamor
    Eb7   Ab7M
É tão cafona sofrer dor
                Db
Que eu já nem sei se é
    Gm7   Gm5- C7   Fm
Meninice ou cafonice o meu amor
            Fm   Bbm
Se o quadradismo dos meus versos
       Eb7   Ab7M
Vai de encontro aos intelectos
Ab7   Db   Gm   Db9   C7
Que não usam o coração como expressão
        F
    F   E   Eb7
Você abussou, etc...

C7   Fm
Que me perdõe
               Bbm
Se eu insisto neste tema
    Eb7   Ab7
Mas não sei fazer poema
          Db   Gm7   Gm5-
Ou canção que fale de outra coisa
C7   Fm
Que não seja o amor.
          Fm   Bbm
Se o quadradismo dos meus versos
     Eb7   Ab7M
Vai de encontro aos intetectos
Ab7   Db   Gm   C7
Que não usam o coração como expressão.

Expresso 2222

Gilberto Gil

B♭
F
Cm/F
B♭
B♭
F
Cm
F
B♭
Gm
Cm
Cm7
F7
B♭
Dm7
Gm
Cm7
F7
B♭
F
F7
Cm7/F
F7
B♭
B♭
F
Cm7
F7
B♭
Gm7

TOM — SIB MAIOR
Bb   F7   Bb

Introdução: Bb   Ab   Eb   FSUSP
                          F

```
           Bb          Ab       Fm7    Eb    Bb
        Começou a circular o expresso 2 2 2 2
        Bb                    F7      Eb    Bb
        Que parte direto de Bonsucesso prá depois
        Bb                    F7      Eb    Bb
        Começou a circular o expresso 2 2 2 2
        Bb              Gm7
        Da Central do Brasil
        Gm7         Ab         Fm7
        Que parte direto de Bonsucesso
        Eb              Bd
        Prá depois do ano 2.000
        Bd              F
        Dizem que tem muita gente de agora
        Cm              Bb        Bb
        Se adiantando, partindo prá lá
        Bb    F         Cm
        Prá 2.001 e 2 e tempo afora
         F  Bb       Gm7             Gm7
        Até onde a estrada do tempo vai dar
   F7          Bb  Dm7    Gm7   Cm7
        Do tempo vai dar, do tempo vai dar
           F7           Bb
        Menina, do tempo vai
        Bb         F              F7
        Segundo quem já andou no expresso
        Cm7         F7         Bb
        Lá   pelo ano 2.000 fica a tal
        Bb        F       Cm7
        Estação final do percurso-subida
         E7            Bb              Gm7
        Na terra mãe concebida de dentro, de fogo
   F7       Bb     Gm7     CM7
        De água e sal, de água e sal,
                        Cm    F7
        Menina, de água e sal
```

```
        Bb          F
        Dizem que parece com o bonde
        Bb                Bb
        Do morro do Corcovado daqui
        Bb            F            Cm
        Só que não se pega e entra e senta e anda
                        Gm7
        O trilho é feito um brilho
        F7              Cm  Cm7
        Que não tem fim
                        F7       Bb
        Menina, que não tem fim,
          Gm7      Bb       Gm7     Cm7
        Que não tem fim, que não tem fim
        Bb            F         F7
        Nunca se chega no Cristo concreto
        Cm7   F              F7
        De matéria ou qualquer coisa real
        Bb         F7        Cm7
        Depois de 2.001 e 2 e tempo afora
         F7      Bb          Gm7
        O Cristo é como que foi visto
                        Cm7
        Subindo ao céu
   F7           Bb
        Subindo ao céu
        Gm7    Cm7        F7
        Num véu de nuvem brilhante
                   Bb
        Subindo ao céu
```

A primeira vez

Roberto Carlos
e Erasmo Carlos

1.
Dm7 G7 Dm7 G7 C
ORQU.
F G7 C
Voz
2.
C
ao
C/rep.
e
C C7 F Dm G7 C
ao
e
C Dm7 G7 Dm7 G7 C

TOM — DÓ MAIOR
C   G7   C

Introdução: F Dm7 G7 C F Dm7 G7 C Am G G7
                                            F

        C
Quando nós nos conhecemos
 F   Em   Dm7
Num segundo percebemos
     G7   Dm7
Que em nós dois
G7   Dm   G7   Dm
Tanta coisa poderia existir
        G7 C
Daquele dia   prá depois
      Gm7   C7
A impressão que eu sentia
    Gm7   C7
Era que te conhecia
        F
Há muito tempo atrás
C   Dm   G7 Dm7
A primeira vez   que eu vi   você
G7 C   C F G7 C
A primeira vez
       C
Por aquele nosso encontro
         F   Em
Eu não sei por quanto tempo
Dm   G7 Dm7
Eu esperei
G7   Dm   G7
O lugar aonde fomos
     Dm
E até mesmo
    G7
O que falamos
C
Eu guardei
     Gm7   C7
Era fim de madrugada
    Gm7
A chuva fina
    C7
Na calçada
 F
Eu te segurei
C   Dm   G7 Dm7
A primeira vez   que eu beijei você
G7 C   C F G7 C
A primeira vez

        C
Outras vêzes nós nos vimos
 F   Em   Dm7
E em cada vez sentimos
     G7 Dm7
Que o amor
G7   Dm   G7
Se excedia em cada beijo
    Dm   G7
E nos abraços o desejo
C
Explodia em nós
   Gm7   C7
Numa noite inesquecível
  Gm7   C7
Controlar foi impossível
        F
Tudo aquilo a sós
C
A primeira vez
Dm   G7   Dm7
O amor se fez
G7 C   C F G7C
A primeira vez
     C
Acordávamos sorrindo
  F   Em
Cada vez era mais lindo
Dm   G7 Dm7
Amanhecer
G7   Dm   G7
Era tanta poesia
    Dm7   G7
Transbordando em nossos dias
C
Que eu nem posso crer
    Gm7   C7
Que naqueles dois amantes
      F
Para evitar o fim
C
Você disse adeus
Dm   G7 Dm7 C   C F G7 C
Tudo terminou   na primeira vez
Dm   G7   Dm7
Você disse adeus
   G7   C   C
Tudo terminou   na primeira vez

Folia no Matagal

Marcha

Eduardo Dusek
e Luis Carlos Góes

251

Em7 A7 D/F♯ Dm/B Dm A F♯9 Bm E7
Em7 A7 D E7 Bm7 E7 Bm
D A D Dm G7 A F♯m Bm
E7 A7 Dm G7 A F♯7 B7
1. E7 A A7
2. E7 A A6/9 A

TOM — LÁ MAIOR
A   E7   A

Introdução: *D6 Bm5- C#m7 F#7 B7 E7 A C#m7 Bm7 E7*

```
 E7    A     F#m           Bm7
    O mar passa   saborosamente
      E7          A
    A língua na areia
         F#m7     C#m7
    Que bem  debochada
 Bm            E7
    Cínica que é
       B7              Bm       E7
    Permite deleitada esses abusos do mar

 E7    A     F#m           Bm7
    O mar passa   saborosamente
      E7          A
    A língua na areia
         F#m7     C#m7
    Que bem  debochada
 Bm            E7
    Cínica que é
       B7              Bm       E7
    Permite deleitada esses abusos do mar
          Bm4      E7      A
    Por trás de uma folha de palmeira
 F#m   Bm     E7
    A lua poderosa
                  A7
    Mulher muito fogosa
        D   E7    A
    Vem n u a, vem nua
 F#m   Bm        E7      Em7 A7
    Sacudindo e brilhando inteira,
        D   E7    A
    Vem n u a, vem nua
 F#m   Bm        E7      Em7 A7
    Sacudindo e brilhando inteira,
  D7   C#m7      Bm       E7    F#m
    Palmeiras se abraçam fortemente
       B7        E7         A
    Suspiram dão gemidos soltam ais
            Dm
              F              A
    Um coqueirinho pergunta docemente
 F#m        Bm        B7      E7
    A outro coqueiro que o olha sonhador.
       Bm        F#7     Bm
    Você me amará  eternamente
                              6
         E7             A9
    Ou amanhã tudo já se acabou?
```

```
       D        Dm
 F#            F
    Nada acabará
 A              F#9
    Grita o matagal
 Bm      E7       Em7 A7
    Nada ainda começou

 A7        D           E7
    Imagina... são dois coqueirinhos
    Bm7       E7
    Ainda em botão
                        Bm      D      A
    Nem conhecem ainda o que é uma paixão
       D        Dm
    E lá em cima a lua
      G7         A
    Já virada em mel
 F#m         Bm
    Olha a natureza
      E7     A7
    Se amando ao léu
      Dm      G7
    E louca de desejo
         A         F#7
    Fulgura num lampejo
     B7      E7       A    A7
    E rubra se entrega ao céu
      Dm      G7
    E louca de desejo
         A         F#7
    Fulgura num lampejo
     B7      E7       A    A7
    E rubra se entrega ao céu

      A
    Olé
```

Brasil Pandeiro

Samba

Assis Valente

© Copyright 1941 by IRMÃOS VITALE S/A. Ind. e Com. - São Paulo - Rio de Janeiro - Brasil.
Todos os direitos de execução, tradução e arranjos, reservados para todos os países.

1.
2.
B♭7
E♭
F7
B♭7
B♭7
E♭
E♭7M
Fm4
Fm
B♭7
E♭7M
D♭7M
C7
Fm7
B♭7
B♭5+
E♭6
E♭7M
Ao 𝄋
Voz
B♭7
Fm7
E♭7M 9
D♭7M
Fm
B♭7
E♭7M
Fm
B♭7
E♭
C7

TOM — Mib MAIOR

Eb Bb7 Eb

Introdução: Eb9 Fm9⁶ Eb9 Abm Db7 Fm9⁶ Bb7

            Eb   Cm7   Fm7   Bb7   Eb7M
Chegou a hora dessa gente bronzeada mostrar seu valor-ô-ô
      Bbm7   Eb⁹₇   Eb7   Ab
Eu fui à Penha e pedi à padroeira para me ajudar-á-á
Ab7M   Bb7   Fm9   Bb7
Salve o Morro do Vintém, Pindurasaia, que eu quero ver
    Fm7   Bb7   Eb F7 Bb7
O Tio Sam tocar pandeiro para o mundo sambar.
   E7   Cm7   Fm7   Bb7
O Tio Sam está querendo conhecer a nossa batucada
    Bbm   Eb⁹₇   Eb7   Ab
Anda dizendo que o môlho da baiana melhorou seu prato
Ab7M Bb7   Fm9   Bb7
Vai entrar no cuscús, acarajé e abara-á-á
  Fm7   Bb7   Eb Eb7M Fm4
Na "Casa Branca já dançou a batucada com lôiô e láiá... Brasil

         Fm   Bb7   Eb7M
Brasil, esquentai vossos pandeiros
Db7M C7   Fm7
Iluminai os terreiros
        Bb7 Bb5-   Eb6   Eb7M
Está na hora de sambar-á-á
....
....
                        Eb7M
Bb7   Fm7   ⁹
Há quem sambe diferente
  Db7M   Fm
Noutras terras, outra gente
     Bb7   Eb7M
Num barulho de matar...oi!
  Fm   Bb7   Eb
Batucada reuni vossos valores
  C7   Fm7
Pastorinhas e cantores
  Bb7   Eb 7M
Expressões que não tem par
        Gm7
Oh! meu Brasil
  Fm7   **Bb7**   Gm7
Brasil, esquentai vossos pandeiros
  C13   Fm9
Iluminai os terreiros
                      ⁹
      Bb7   Eb   F7M
Que nós queremos sambar-á-á

O SEGREDO MARAVILHOSO DAS CIFRAS

Atendendo à diversos telefonemas de Professores e Pianistas que não tocam pelo Sistema Cifrado, transvo aqui algumas rápidas orientações de «Como tocar a Música Popular por Cifras».

Não irei apresentar precisamente uma aula, porque o espaço é pequeno, mas apenas algumas «Dicas» para eles que me telefonam do interior, baseado no sucesso desta Enciclopédia «O Melhor da Música Popular sileira», atualmente em 7 volumes, cujo 1.° volume já atingiu a 3.ª edição em menos de um ano.

GOSTAR DE CIFRAS

Antes de dar a primeira «Dica», gostaria de dizer que o melhor remédio para aprender Cifras é «Gostar as» e não querer aprender já vindo «Sem vontade de gostar», pois seu estudo requer muito gosto, ação criaa e ritmo próprio. É mais uma matéria importante que vai somar aos seus conhecimentos musicais, porque á, sem dúvida alguma, uma prova de Ritmo, onde você poderá criar maravilhas com estas simples Cifras, que a mais são que uma oportunidade para colocar em prática todos os seus conhecimentos de Harmonia ou os s dons naturais deste seu ouvido absoluto que Deus lhe deu.

CIFRAS

São letras e sinais convencionais que se colocam acima ou abaixo de uma Melodia, para representar os acor- do Acompanhamento. As Cifras, mundialmente conhecidas, são escritas em Lingua Anglo Saxônia e Lingua ina.

```
DÓ   RÉ   MI   FÁ   SOL   LÁ   SI   (Lingua Latina)
C    D    E    F    G     A    B    (Anglo Saxônia)
```

ORDEM ALFABÉTICA

As notas em Lingua Anglo Saxônia, seguem a ordem do alfabeto:

A   B   C   D   E   F   G

Começa na letra **A**, que é a nota Lá, por ser a nota principal do Diapasão Normal. As Cifras são usadas desde dade Média.

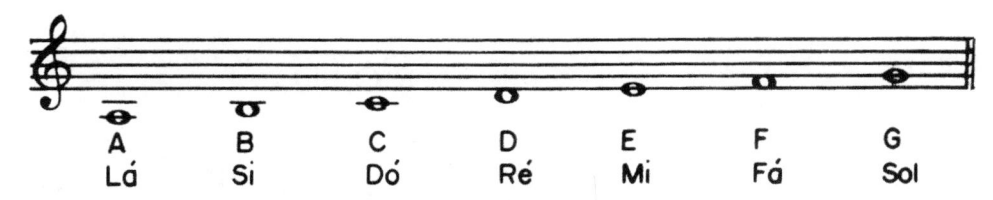

A	B	C	D	E	F	G
Lá	Si	Dó	Ré	Mi	Fá	Sol

Na Cifragem Anglo Saxônia, os acordes maiores são representados apenas pela letra maiúscula corresndente, e nos acordes menores acrescentando um **m** (minúsculo). Ex. C - DÓ Maior e Cm - DÓ menor.

SINAIS CONVENCIONAIS PARA REPRESENTAR OS ACORDES
(EXEMPLO EM C - DÓ)

	Lê-se	DÓ Maior	Cm	Lê-se	DÓ Menor
+	"	DÓ com 5.ª aumentada	Cm6	"	DÓ menor com sexta
	"	DÓ com sexta	C dim (C.°)	"	DÓ Sétima Diminuta
	"	DÓ Sétima (menor) Dominante	Cm7	"	DÓ menor Sétima
M	"	DÓ Sétima Maior	C9 — (C79 —)	"	DÓ com nona menor
(C79)	"	DÓ nona Maior			

(Assim em todos os tons)

ALGUNS ACORDES FORMADOS SOBRE A TÔNICA C - DÓ
(SOMENTE NO ESTADO FUNDAMENTAL)

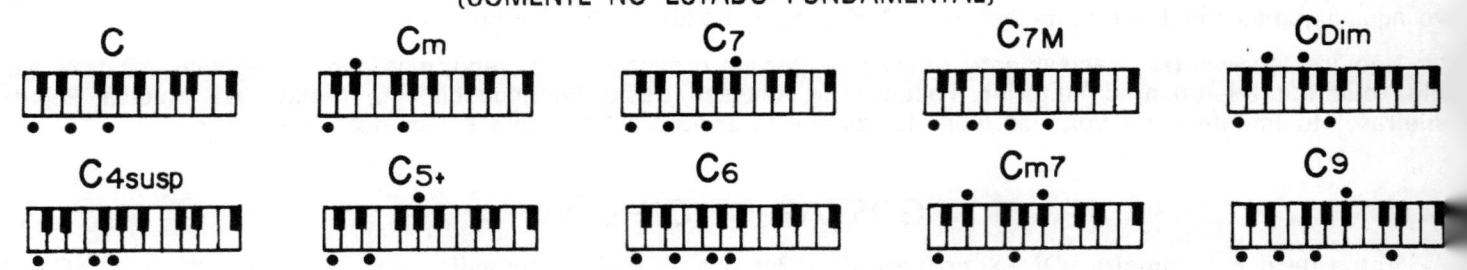

C Cm C7 C7M CDim

C4susp C5+ C6 Cm7 C9

Os acordes de C7, C7M e C9, podem ser simplificados, substituindo-os por C e os de Cm7 podem ser su tituídos por Cm.

Para se formar o acorde de 4.ª Suspensa, retira-se a 3.ª do acorde (MI) e coloca-se a 4.ª que é o Fá (no t de DÓ). Esta 4.ª chama-se Suspensa porque causa uma impressão de Suspense no acorde.

Os violonistas quase sempre substituem o acorde de Quinta Diminuta por 7.ª Diminuta. Ex: Cm5- por Cd ou C.º.

ACORDES PARADOS E ARPEJADOS PARA PRINCIPIANTES

Para que os principiantes possam tocar todas as músicas desta Enciclopédia, deixo aqui uma pequena «Dica que por certo vai dar-lhes a oportunidade de executar suas músicas, extravasando assim sua ansiedade de toc mesmo que seja de uma maneira fácil e simples. Como eles não podem ainda movimentar e produzir ritmos com acordes da Mão Esquerda, aconselho tocar os Acordes Parados ou Arpejados. Deverão tocar somente as not de cima da Melodia que está na Clave de Sol, observando as Cifras dos acordes e mudando-os todas as vezes q aparecer uma Cifra diferente.

MÃO ESQUERDA

C (Acorde Parado) — Sol Mi Dó

C (Acorde Arpejado) — Dó Mi Sol Mi Dó Mi Sol Mi

RONDA

F — Dó Lá Fá — Parado

Am — Mi Dó Lá — Parado

Am5- — Mib Dó Lá — Parado

D — Ré Fá# Lá — Arpejado

etc

O SEGREDO MARAVILHOSO DAS CIFRAS
E
COMO TOCAR A MÚSICA POPULAR POR CIFRAS

Para os interessados em executar a Música Popular por Cifras, recomendo adquirir duas obras importantes onde serão encontrados todos os ensinamentos do SISTEMA CIFRADO: «O SEGREDO MARAVILHOSO DAS C FRAS» e «COMO TOCAR A MÚSICA POPULAR POR CIFRAS», que se encontram no 3.º volume da obra: «12(Músicas Favoritas para Piano», de Mário Mascarenhas.

Também, será de muito proveito, para completar este estudo, adquirir o «MÉTODO DE ÓRGÃO ELETRÔ NICO», do mesmo autor, onde contém as Cifras mais completas e com os acordes mais dissonantes.

VOLUME 1

- ABISMO DE ROSAS
- ÁGUAS DE MARÇO
- ALEGRIA, ALEGRIA
- AMANTE À MODA ANTIGA
- AMIGO
- A NOITE DO MEU BEM
- APANHEI-TE, CAVAQUINHO
- APELO
- AQUARELA DO BRASIL
- ARROMBOU A FESTA
- AS ROSAS NÃO FALAM
- ATRÁS DA PORTA
- BACHIANAS BRASILEIRAS Nº 5
- BOA NOITE, AMOR
- BOATO
- CAÇADOR DE MIM
- CAFÉ DA MANHÃ
- CANÇÃO QUE MORRE NO AR
- CARCARÁ
- CARINHOSO
- CAROLINA
- CHÃO DE ESTRELAS
- CIDADE MARAVILHOSA
- CONCEIÇÃO
- DÁ NELA
- DE CONVERSA EM CONVERSA
- DEUSA DA MINHA RUA
- DISSE ME DISSE
- DORINHA, MEU AMOR
- DUAS CONTAS
- EMOÇÕES
- ESMERALDA
- ESSES MOÇOS
- ESTÃO VOLTANDO AS FLORES
- ESTRADA DA SOLIDÃO
- FESTA DO INTERIOR
- FIM DE SEMANA EM PAQUETÁ
- FIO MARAVILHA
- FLOR AMOROSA
- FOLHAS SÊCAS
- GAROTA DE IPANEMA
- GENTE HUMILDE
- GOSTO QUE ME ENROSCO
- INFLUÊNCIA DO JAZZ
- JANGADEIRO
- JANUÁRIA
- JURA
- LADY LAURA
- LÁGRIMAS DE VIRGEM
- LATA D'ÁGUA
- LIGIA
- LUAR DO SERTÃO
- LUIZA
- MARVADA PINGA
- MATRIZ OU FINAL
- MEU BEM QUERER
- MEUS TEMPOS DE CRIANÇA
- MODINHA
- NA PAVUNA
- NÃO DÁ MAIS PRA SEGURAR (EXPLODE CORAÇÃO)
- NÃO EXISTE PECADO AO SUL DO EQUADOR
- NÃO IDENTIFICADO
- NOSSOS MOMENTOS
- Ó ABRE ALAS
- O BÊBADO E A EQUILIBRISTA
- O MORRO NÃO TEM VEZ
- ONDE ANDA VOCÊ
- OS SEUS BOTÕES
- O TEU CABELO NÃO NEGA
- PARALELAS
- PELA LUZ DOS OLHOS TEUS
- PELO TELEFONE
- PÉTALA
- PRELÚDIO PARA NINAR GENTE GRANDE
- QUANDO VIM DE MINAS
- REFÉM DA SOLIDÃO
- REGRA TRÊS
- ROMARIA
- RONDA
- SAMBA EM PRELÚDIO
- SE ELA PERGUNTAR
- SEI LÁ MANGUEIRA
- SERRA DA BOA ESPERANÇA
- SERTANEJA
- SE TODOS FOSSEM IGUAIS A VOCÊ
- SÓ DANÇO SAMBA
- SONS DE CARRILHÕES
- SUBINDO AO CÉU
- TERNURA ANTIGA
- TICO-TICO NO FUBÁ
- TRAVESSIA
- TREM DAS ONZE
- TROCANDO EM MIÚDOS
- TUDO ACABADO
- ÚLTIMO DESEJO
- ÚLTIMO PAU DE ARARA
- VALSINHA
- VASSOURINHAS
- VERA CRUZ
- VIAGEM

VOLUME 2

AÇAÍ
A DISTÂNCIA
A FLOR E O ESPINHO
A MONTANHA
ANDRÉ DE SAPATO NOVO
ATÉ AMANHÃ
ATÉ PENSEI
ATRÁS DO TRIO ELÉTRICO
A VIDA DO VIAJANTE
BATIDA DIFERENTE
BLOCO DA SOLIDÃO
BONECA
BREJEIRO
CHEIRO DE SAUDADE
CHICA DA SILVA
CHOVE CHUVA
CHUVA, SUOR E CERVEJA
CHUVAS DE VERÃO
CADEIRA VAZIA
CANÇÃO DO AMANHECER
CANTO DE OSSANHA
DA COR DO PECADO
DINDI
DOMINGO NO PARQUE
ELA É CARIOCA
EU SONHEI QUE TU ESTAVAS TÃO LINDA
EXALTAÇÃO À BAHIA
EXALTAÇÃO A TIRADENTES
FÉ
FEITIÇO DA VILA
FOI A NOITE
FOLHAS MORTAS
FORÇA ESTRANHA
GALOS, NOITES E QUINTAIS
HOJE
IMPLORAR
INÚTIL PAISAGEM
JESUS CRISTO
LAMENTOS
LEMBRANÇAS
MARIA NINGUÉM
MARINA
MAS QUE NADA
MEU PEQUENO CACHOEIRO
MEU REFRÃO
MOLAMBO
MULHER RENDEIRA
MORMAÇO
MULHER
NOITE DOS NAMORADOS

NO RANCHO FUNDO
NOVA ILUSÃO
Ó PÉ DE ANJO
OBSESSÃO
ODEON
O DESPERTAR DA MONTANHA
OLHOS VERDES
O MENINO DE BRAÇANÃ
O MUNDO É UM MOINHO
ONDE ESTÃO OS TAMBORINS
O ORVALHO VEM CAINDO
O QUE É AMAR
PAÍS TROPICAL
PASTORINHAS
PIERROT APAIXONADO
PISA NA FULÔ
PRA DIZER ADEUS
PRA FRENTE BRASIL
PRA QUE MENTIR?
PRA SEU GOVERNO
PRIMAVERA (VAI CHUVA)
PROPOSTA
QUASE
QUANDO EU ME CHAMAR SAUDADE
QUEREM ACABAR COMIGO
RANCHO DA PRAÇA ONZE
RETALHOS DE CETIM
RETRATO EM BRANCO E PRETO
RODA VIVA
SÁBADO EM COPACABANA
SAMBA DE ORFEU
SÁ MARINA
SAUDADES DE OURO PRETO
SAUDOSA MALOCA
SE ACASO VOCÊ CHEGASSE
SEGREDO
SEM FANTASIA
TARDE EM ITAPOAN
TATUAGEM
TERRA SECA
TESTAMENTO
TORÓ DE LÁGRIMAS
TRISTEZA
TRISTEZAS NÃO PAGAM DÍVIDAS
ÚLTIMA FORMA
VAGABUNDO
VAI LEVANDO
VAMOS DAR AS MÃOS E CANTAR
VÊ SE GOSTAS
VIVO SONHANDO

VOLUME 3

A BAHIA TE ESPERA
ABRE A JANELA
ADEUS BATUCADA
AGORA É CINZA
ÁGUA DE BEBER
AMADA AMANTE
AMIGA
AQUELE ABRAÇO
A RITA
ASA BRANCA
ASSUM PRETO
A VOLTA DO BOÊMIO
ATIRASTE UMA PEDRA
BARRACÃO
BERIMBAU
BODAS DE PRATA
BOIADEIRO
BOTA MOLHO NESTE SAMBA
BOTÕES DE LARANJEIRA
CAMINHEMOS
CANSEI DE ILUSÕES
CAPRICHOS DE AMOR
CASA DE CABOCLO
CASTIGO
CHORA TUA TRISTEZA
COM AÇÚCAR, COM AFETO
COM QUE ROUPA
CONSELHO
DEBAIXO DOS CARACÓIS DE SEUS CABELOS
DISSERAM QUE EU VOLTEI AMERICANIZADA
DOIS PRA LÁ, DOIS PRA CÁ
ÉBRIO
É COM ESSE QUE EU VOU
ELA DISSE-ME ASSIM (VAI EMBORA)
ESTRELA DO MAR (UM PEQUENINO GRÃO DE AREIA)
EU E A BRISA
EU DISSE ADEUS
EXALTAÇÃO À MANGUEIRA
FALA MANGUEIRA
FAVELA
FOLHETIM
GENERAL DA BANDA
GRITO DE ALERTA
INGÊNUO
LÁBIOS QUE BEIJEI
LOUVAÇÃO
MANIAS
ME DEIXE EM PAZ
MEU BEM, MEU MAL
MEU MUNDO CAIU

MOCINHO BONITO
MORENA FLOR
MORRO VELHO
NA BAIXA DO SAPATEIRO (BAHIA)
NA RUA, NA CHUVA, NA FAZENDA
NÃO TENHO LÁGRIMAS
NEM EU
NESTE MESMO LUGAR
NOITE CHEIA DE ESTRELAS
NOSSA CANÇÃO
O AMOR EM PAZ
O MOÇO VELHO
O PEQUENO BURGUÊS
OPINIÃO
O PORTÃO
O TIC TAC DO MEU CORAÇÃO
PAZ DO MEU AMOR
PEDACINHOS DO CÉU
PIVETE
PONTEIO
POR CAUSA DE VOCÊ MENINA
PRA MACHUCAR MEU CORAÇÃO
PRIMAVERA
PRIMAVERA NO RIO
PROCISSÃO
QUEM TE VIU, QUEM TE VÊ
QUE PENA
QUE SERÁ
REALEJO
RECADO
REZA
ROSA
ROSA DE MAIO
ROSA DOS VENTOS
SAMBA DO ARNESTO
SAMBA DO AVIÃO
SAMBA DO TELECO-TECO
SAMURAI
SAUDADE DA BAHIA
SAUDADE DE ITAPOAN
SE VOCÊ JURAR
SE NÃO FOR AMOR
SÓ LOUCO
TAJ MAHAL
TEM MAIS SAMBA
TRISTEZAS DO JECA
TUDO É MAGNÍFICO
VINGANÇA
VOCÊ
ZELÃO

VOLUME 4

- ALÉM DO HORIZONTE
- AMOR CIGANO
- APENAS UM RAPAZ LATINO AMERICANO
- ARGUMENTO
- ARRASTA A SANDÁLIA
- ATIRE A PRIMEIRA PEDRA
- A VOZ DO VIOLÃO
- BAIÃO
- BAIÃO DE DOIS
- BANDEIRA BRANCA
- BEIJINHO DOCE
- CABELOS BRANCOS
- CAMA E MESA
- CAMISOLA DO DIA
- CANÇÃO DE AMOR
- CANTA BRASIL
- CASA DE BAMBA
- CASCATA DE LÁGRIMAS
- COMO É GRANDE O MEU AMOR POR VOCÊ
- COMEÇARIA TUDO OUTRA VEZ
- COMO DIZIA O POETA
- CONVERSA DE BOTEQUIM
- COPACABANA
- COTIDIANO
- CURARE
- DELICADO
- DESACATO
- DE PAPO PRO Á
- DE TANTO AMOR
- DISRITMIA
- DOCE DE CÔCO
- DÓ-RÉ-MI
- É LUXO SÓ
- EVOCAÇÃO
- FALTANDO UM PEDAÇO
- FEITIO DE ORAÇÃO
- GOSTAVA TANTO DE VOCÊ
- GOTA D'ÁGUA
- JARDINEIRA
- LAURA
- LEVANTE OS OLHOS
- LINDA FLOR
- LOBO BÔBO
- MANHÃ DE CARNAVAL
- MANINHA
- MENINO DO RIO
- MENSAGEM
- MEU CONSOLO É VOCÊ
- MIMI
- MINHA
- MINHA NAMORADA
- MINHA TERRA
- MULHERES DE ATENAS
- NA CADÊNCIA DO SAMBA
- NA GLÓRIA
- NADA ALÉM
- NÃO SE ESQUEÇA DE MIM
- NAQUELA MESA
- NÃO TEM SOLUÇÃO
- NATAL DAS CRIANÇAS
- NERVOS DE AÇO
- NINGUÉM ME AMA
- NONO MANDAMENTO
- NUNCA MAIS
- O BARQUINHO
- O CIRCO
- O INVERNO DO MEU TEMPO
- OLHA
- OLHOS NOS OLHOS
- O MAR
- O PATO
- O PROGRESSO
- O QUE EU GOSTO DE VOCÊ
- O SAMBA DA MINHA TERRA
- O SOL NASCERÁ
- O SURDO
- OS ALQUIMISTAS ESTÃO CHEGANDO
- OS QUINDINS DE YAYÁ
- PARA VIVER UM GRANDE AMOR
- PASSAREDO
- PÉROLA NEGRA
- PIERROT
- QUANDO
- QUEM HÁ DE DIZER
- RIO
- SAIA DO CAMINHO
- SE É TARDE ME PERDOA
- SONOROSO
- SUGESTIVO
- SÚPLICA CEARENSE
- TÁ-HI!
- TEREZINHA
- TEREZA DA PRAIA
- TRANSVERSAL DO SAMBA
- TRÊS APITOS
- ÚLTIMA INSPIRAÇÃO
- UPA NEGUINHO
- URUBÚ MALANDRO

VOLUME 5

- ACALANTO
- ACORDA MARIA BONITA
- A FONTE SECOU
- AGORA NINGUÉM CHORA MAIS
- A JANGADA VOLTOU SÓ
- ALÔ, ALÔ, MARCIANO
- AOS PÉS DA CRUZ
- APESAR DE VOCÊ
- A PRIMEIRA VEZ
- ARRASTÃO
- AS CURVAS DA ESTRADA DE SANTOS
- A TUA VIDA É UM SEGREDO
- AVE MARIA (SAMBA)
- AVE MARIA (VALSA)
- AVE MARIA NO MORRO
- BALANÇO DA ZONA SUL
- BASTIDORES
- BEM-TE-VI ATREVIDO
- BLOCO DO PRAZER
- BORANDÁ
- BRASILEIRINHO
- BRASIL PANDEIRO
- CABOCLO DO RIO
- CASTIGO
- CAMISA LISTADA
- CAPRICHOS DO DESTINO
- CHOVE LÁ FORA
- CHUÁ-CHUÁ
- COMO NOSSOS PAIS
- CONSTRUÇÃO
- COTIDIANO Nº 2
- DANÇA DOS SETE VÉUS (SALOMÉ)
- DETALHES
- DIA DE GRAÇA
- DOCE VENENO
- DORA
- EMÍLIA
- ESSE CARA
- EU AGORA SOU FELIZ
- EU BEBO SIM
- EU TE AMO MEU BRASIL
- EXPRESSO 2222
- FALSA BAIANA
- FERA FERIDA
- FIM DE CASO
- FITA AMARELA
- FOI UM RIO QUE PASSOU EM MINHA VIDA
- FOLIA NO MATAGAL
- GAVIÃO CALÇUDO
- GAÚCHO (CORTA JACA)
- HOMEM COM H
- HOMENAGEM AO MALANDRO
- INQUIETAÇÃO
- INSENSATEZ
- JARRO DA SAUDADE
- JOÃO E MARIA
- KALÚ
- LUA BRANCA
- MÁGOAS DE CABOCLO (CABOCLA)
- MARIA
- MARINGÁ
- MEIGA PRESENÇA
- MENINA MOÇA
- MEU CARIRI
- MEU CARO AMIGO
- MORENA DOS OLHOS D'ÁGUA
- MULATA ASSANHADA
- NÃO DEIXE O SAMBA MORRER
- NÃO ME DIGA ADEUS
- NEGUE
- NICK BAR
- NINGUÉM É DE NINGUÉM
- NUNCA
- OCULTEI
- O QUE SERÁ (A FLOR DA TERRA)
- O SHOW JÁ TERMINOU
- O TROVADOR
- OUÇA
- PALPITE INFELIZ
- PENSANDO EM TI
- PONTO DE INTERROGAÇÃO
- POR CAUSA DE VOCÊ
- PRA VOCÊ
- QUANDO AS CRIANÇAS SAÍREM DE FÉRIAS
- QUE MARAVILHA
- RISQUE
- RAPAZIADA DO BRAZ
- SAMBA DA BENÇÃO
- SAUDADE DE PÁDUA
- SAUDADE FEZ UM SAMBA
- SE QUERES SABER
- SÓ COM VOCÊ TENHO PAZ
- SORRIS DA MINHA DOR
- SUAS MÃOS
- TIGRESA
- VELHO REALEJO
- VOCÊ ABUSOU
- VOCÊ EM MINHA VIDA
- VOLTA POR CIMA
- XICA DA SILVA

VOLUME 6

A BANDA
AS CANÇÕES QUE VOCÊ FEZ PRA MIM
AH! COMO EU AMEI
AI! QUEM ME DERA
ALGUÉM COMO TU
ALGUÉM ME DISSE
ALÔ ALÔ
ANDANÇA
ANOS DOURADOS
AVENTURA
BILHETE
CHARLIE BROWN
CABELOS NEGROS
CACHOEIRA
CAMUNDONGO
CANÇÃO DA MANHÃ FELIZ
CANÇÃO DA VOLTA
CHEGA DE SAUDADE
CHORA CAVAQUINHO
CHOVENDO NA ROSEIRA
CHUVA DE PRATA
COISAS DO BRASIL
COMEÇAR DE NOVO
CORAÇÃO APAIXONADO
CORAÇÃO APRENDIZ
CORAÇÃO ATEU
CORAÇÃO DE ESTUDANTE
CORCOVADO
DÁ-ME
DE VOLTA PRO ACONCHEGO
DEIXA
DEIXA EU TE AMAR
DESAFINADO
É DOCE MORRER NO MAR
ENCONTROS E DESPEDIDAS
ESTA NOITE EU QUERIA QUE O MUNDO ACABASSE
EU SEI QUE VOU TE AMAR
EU SÓ QUERO UM XODÓ
EU TE AMO
ESCRITO NAS ESTRELAS
FLOR DE LIS
ISTO AQUI O QUE É
JURAR COM LÁGRIMAS
KID CAVAQUINHO
LUA E ESTRELA
LUAR DE PAQUETÁ
LUZ DO SOL
MARIA MARIA
MÁSCARA NEGRA
MINHA PALHOÇA (SE VOCÊ QUIZESSE)

MISTURA
MORENA BOCA DE OURO
NANCY
NO TABULEIRO DA BAIANA
NOS BAILES DA VIDA
NOITES CARIOCAS
NOSSA SENHORA DAS GRAÇAS
O "DENGO" QUE A NEGA TEM
O MENINO DA PORTEIRA
O SANFONEIRO SÓ TOCAVA ISSO
O TRENZINHO DO CAIPIRA
OS PINTINHOS NO TERREIRO
ODARA
ORGULHO
OUTRA VEZ
OVELHA NEGRA
PAPEL MARCHÉ
PEDIDO DE CASAMENTO
PEGA RAPAZ
PISANDO CORAÇÕES
PRECISO APRENDER A SER SÓ
PRIMEIRO AMOR
QUE BATE FUNDO É ESSE?
QUERO QUE VÁ TUDO PRO INFERNO
QUIXERAMOBIM
RASGUEI O TEU RETRATO
SABIÁ
SAMBA DE UMA NOTA SÓ
SAMBA DE VERÃO
SAMBA DO CARIOCA
SAMBA DO PERDÃO
SAXOFONE, PORQUE CHORAS?
SE DEUS ME OUVISSE
SE EU QUISER FALAR COM DEUS
SEI QUE É COVARDIA... MAS
SENTADO À BEIRA DO CAMINHO
SERENATA SUBURBANA
SETE MARIAS
SINA
SOLIDÃO
TRISTEZA DANADA
UM A ZERO (1 x 0)
VAI PASSAR
VIDE VIDA MARVADA
VIOLA ENLUARADA
VIOLÃO NÃO SE EMPRESTA A NINGUÉM
VOCÊ E EU
WAVE
ZÍNGARA
ZINHA

VOLUME 7

A FELICIDADE
A MAJESTADE O SABIÁ
A SAUDADE MATA A GENTE
A VOZ DO MORRO
ÁLIBI
ALMA
ANDORINHA PRETA
ANTONICO
AS PRAIAS DESERTAS
AS VOZES DOS ANIMAIS
AVE MARIA
AZUL
AZUL DA COR DO MAR
BABY
BANDEIRA DO DIVINO
BALADA DO LOUCO
BALADA TRISTE
BATUQUE NO MORRO
BEIJO PARTIDO
BOLINHA DE PAPEL
BONECA DE PIXE
BRANCA
CAMISA AMARELA
CANÇÃO DA AMÉRICA
CASA NO CAMPO
CASINHA DA MARAMBAIA
CÉU E MAR
COMO UMA ONDA
COMO VAI VOCÊ
CORAÇÃO APRENDIZ
DAS ROSAS
DE CORAÇÃO PRA CORAÇÃO
DENTRO DE MIM MORA UM ANJO
DESLIZES
DEZESSETE E SETECENTOS
ERREI, ERRAMOS
ESQUINAS
EU DARIA MINHA VIDA
EU TE AMO VOCÊ
ÊXTASE
FICA COMIGO ESTA NOITE
FOI ELA
FOGÃO
GAROTO MAROTO
IZAURA
JUVENTUDE TRANSVIADA
LAMPIÃO DE GÁS
LAPINHA
LEVA MEU SAMBA (MEU PENSAMENTO)
LILÁS

LONDON LONDON
MADALENA
MAMÃE
MARCHA DA QUARTA-FEIRA DE CINZAS
MOÇA
MORO ONDE NÃO MORA NINGUÉM
MUITO ESTRANHO
NADA POR MIM
NADA SERÁ COMO ANTES
NAMORADINHA DE UM AMIGO MEU
NÃO QUERO VER VOCÊ TRISTE
NEM MORTA
NÓS E O MAR
O LADO QUENTE DO SER
O QUE É QUE A BAIANA TEM
O TREM AZUL
OS MENINOS DA MANGUEIRA
PALCO
PÃO E POESIA
PARA LENNON E McCARTNEY
PEDE PASSAGEM
PEGANDO FOGO
PEGUEI UM "ITA" NO NORTE
POEMA DAS MÃOS
PRA COMEÇAR
PRA NÃO DIZER QUE NÃO FALEI DAS FLORES
QUEM É
QUEM SABE
RAPAZ DE BEM
RECADO
ROQUE SANTEIRO
ROSA MORENA
ROTINA
SAMPA
SANGRANDO
SAUDADES DE MATÃO
SEDUZIR
SÓ EM TEUS BRAÇOS
SÓ TINHA DE SER COM VOCÊ
SORTE
TELEFONE
TEMA DE AMOR DE GABRIELA
TRISTE MADRUGADA
UM DIA DE DOMINGO
UM JEITO ESTÚPIDO DE TE AMAR
UMA NOITE E MEIA
VAGAMENTE
VOCÊ É LINDA
VOLTA
XAMEGO

VOLUME 8

A LENDA DO ABAETÉ
A LUA E EU
A VOLTA
ADOCICA
AGUENTA CORAÇÃO
AI! QUE SAUDADES DA AMÉLIA
AMANHÃ
AMÉRICA DO SUL
ANTES QUE SEJA TARDE
AZULÃO
BACHIANAS BRASILEIRAS nº4
BAHIA COM H
BANDOLINS
BANHO DE CHEIRO
BEATRIZ
BOI BUMBÁ
CAIS
CANÇÃO DA CRIANÇA
CANÇÃO DO AMOR DEMAIS
CODINOME BEIJA-FLOR
COM MAIS DE 30
COMUNHÃO
CORAÇÃO DE PAPEL
DANÇANDO LAMBADA
DESABAFO
DESESPERAR JAMAIS
DISPARADA
DONA
EGO
ESMOLA
ESPANHOLA
ESPINHA DE BACALHAU
ETERNAS ONDAS
EU DEI
EU NÃO EXISTO SEM VOCÊ
FACEIRA
FÃ Nº 1
FANATISMO
FARINHADA
FLOR DO MAL
FOI ASSIM
FORRÓ NO CARUARÚ
FRACASSO
FUSCÃO PRETO
GOSTOSO DEMAIS
GITA
HINO DO CARNAVAL BRASILEIRO
ILUSÃO À TOA
ISTO É LÁ COM SANTO ANTÔNIO
JURA SECRETA

LÁBIOS DE MEL
LEVA
LINHA DO HORIZONTE
LUA E FLOR
LUZ NEGRA
ME CHAMA
MEIA LUA INTEIRA
MERGULHO
MEU QUERIDO, MEU VELHO, MEU AMIGO
MEU MUNDO E NADA MAIS
MEXERICO DA CANDINHA
MUCURIPE
NA BATUCADA DA VIDA
NA HORA DA SEDE
NA SOMBRA DE UMA ÁRVORE
NÓS QUEREMOS UMA VALSA
NUVEM DE LÁGRIMAS
O AMANHÃ
O HOMEM DE NAZARETH
OLÊ - OLÁ
O MESTRE SALA DOS MARES
O SAL DA TERRA
OCEANO
ONDE ESTÁ O DINHEIRO?
O XÓTE DAS MENINAS
PEDRO PEDREIRO
PEQUENINO CÃO
PIOR É QUE EU GOSTO
PODRES PODERES
QUEM AMA, NÃO ENJOA
REALCE
REVELAÇÃO
SÁBADO
SAIGON
SAUDADE
SEM COMPROMISSO
SCHOTTIS DA FELICIDADE
SIGA
SURURÚ NA CIDADE
TALISMÃ
TEM CAPOEIRA
TETÊ
TIETA
UMA LOIRA
UMA NOVA MULHER
UNIVERSO NO TEU CORPO
VERDADE CHINESA
VIDA DE BAILARINA
VOCÊ JÁ FOI À BAHIA?
VITORIOSA

VOLUME 9

A COR DA ESPERANÇA
A PAZ
ACONTECE
ACONTECIMENTOS
ADMIRÁVEL GADO NOVO
AMOR DE ÍNDIO
AMOROSO
AOS NOSSOS FILHOS
APARÊNCIAS
ARREPENDIMENTO
AVES DANINHAS
BAIÃO CAÇULA
BAILA COMIGO
BANHO DE ESPUMA
BEIJA-ME
BIJUTERIAS
BOAS FESTAS
BOM DIA TRISTEZA
BRIGAS NUNCA MAIS
BRINCAR DE VIVER
CÁLICE
CASINHA BRANCA
CASO COMUM DE TRÂNSITO
CHOROS Nº 1
COISA MAIS LINDA
COMEÇO, MEIO E FIM
CORAÇÃO LEVIANO
CORRENTE DE AÇO
DÁ-ME TUAS MÃOS
DE ONDE VENS
DEVOLVI
DOLENTE
E NADA MAIS
E SE
ESPELHOS D´ÁGUA
ESPERE POR MIM, MORENA
ESTÁCIO HOLLY ESTÁCIO
ESTRANHA LOUCURA
EU APENAS QUERIA QUE VOCÊ SOUBESSE
FACE A FACE
FAZ PARTE DO MEU SHOW
FÉ CEGA, FACA AMOLADA
FEIA
FEIJÃOZINHO COM TORRESMO
FIM DE NOITE
FITA MEUS OLHOS
FOI ASSIM
FOTOGRAFIA
GUARDEI MINHA VIOLA
HOMENAGEM A VELHA GUARDA

IDEOLOGIA
ILUMINADOS
JOU-JOU BALANGANDANS
LAMENTO NO MORRO
LINDO BALÃO AZUL
LINHA DE PASSE
MALUCO BELEZA
MANHÃS DE SETEMBRO
MANIA DE VOCÊ
MEDITAÇÃO
MEU DRAMA
MINHA RAINHA
MORRER DE AMOR
NOSTRADAMUS
O POETA APRENDIZ
O TREM DAS SETE
OLHE O TEMPO PASSANDO
ORAÇÃO DE MÃE MENININHA
PEDAÇO DE MIM
PEGUEI A RETA
PELO AMOR DE DEUS
PERIGO
POXA
PRANTO DE POETA
PRECISO APRENDER A SÓ SER
PRELÚDIO
PRELÚDIO Nº 3
PRO DIA NASCER FELIZ
QUALQUER COISA
QUANDO O TEMPO PASSAR
RANCHO DO RIO
RATO RATO
RENÚNCIA
RIO DE JANEIRO (ISTO É MEU BRASIL)
SAUDADE QUERIDA
SEM PECADO E SEM JUÍZO
SENTINELA
SEPARAÇÃO
SEREIA
SERENATA DA CHUVA
SOL DE PRIMAVERA
SOMOS IGUAIS
SONHOS
SORRIU PRA MIM
TELETEMA
TODA FORMA DE AMOR
TODO AZUL DO MAR
TRISTEZA DE NÓS DOIS
UM SER DE LUZ
UMA JURA QUE FIZ

VOLUME 10

A LUA QUE EU TE DEI
A MULHER FICOU NA TAÇA
A TERCEIRA LÂMINA
ACELEROU
ALVORECER
AMAR É TUDO
ASSIM CAMINHA A HUMANIDADE
AVE MARIA DOS NAMORADOS
BLUES DA PIEDADE
BOM DIA
BYE BYE BRASIL
CALÚNIA
CASO SÉRIO
CHORANDO BAIXINHO
CHUVA
CIGANO
CIRANDEIRO
CLUBE DA ESQUINA Nº 2
COISA FEITA
COR DE ROSA CHOQUE
CORAÇÃO VAGABUNDO
DEUS LHE PAGUE
DEVOLVA-ME
DIVINA COMÉDIA HUMANA
DOM DE ILUDIR
É DO QUE HÁ
É O AMOR
ENTRE TAPAS E BEIJOS
ESPERANDO NA JANELA
ESQUADROS
ESTE SEU OLHAR
ESTRADA AO SOL
ESTRADA DA VIDA
EU VELEJAVA EM VOCÊ
FEITINHA PRO POETA
FEZ BOBAGEM
FORMOSA
FULLGAS
GOOD BYE BOY
INFINITO DESEJO
IRACEMA
JOÃO VALENTÃO
JUÍZO FINAL
LANÇA PERFUME
LATIN LOVER
LEÃO FERIDO
LUA DE SÃO JORGE
LUZ E MISTÉRIO
MAIS FELIZ
MAIS UMA VALSA, MAIS UMA SAUDADE

MALANDRAGEM
MENTIRAS
METADE
METAMORFOSE
MINHA VIDA
MINHAS MADRUGADAS
NÃO ME CULPES
NÃO TEM TRADUÇÃO
NAQUELA ESTAÇÃO
NÚMERO UM
O QUE É, O QUE É
O QUE TINHA DE SER
O SONHO
O TEMPO NÃO PARA
OBA LA LA
ONTEM AO LUAR
OURO DE TOLO
PARTIDO ALTO
PAU DE ARARA
PEDACINHOS
PELA RUA
PENSAMENTOS
PODER DE CRIAÇÃO
POR CAUSA DESTA CABOCLA
POR ENQUANTO
POR QUEM SONHA ANA MARIA
PORTA ESTANDARTE
PRA QUE DINHEIRO
PRAÇA ONZE
PRECISO DIZER QUE TE AMO
PRECISO ME ENCONTRAR
PUNK DA PERIFERIA
RAINHA PORTA-BANDEIRA
RESPOSTA AO TEMPO
RIO
SE...
SEI LÁ A VIDA TEM SEMPRE RAZÃO
SENTIMENTAL DEMAIS
SERENATA DO ADEUS
SINAL FECHADO
SÓ PRA TE MOSTRAR
SOZINHO
SUAVE VENENO
TRISTE
VALSA DE REALEJO
VIAGEM
VILA ESPERANÇA
VOCÊ
VOU VIVENDO